职业院校人文素质教育研究

夏侯南希 ◎ 著

吉林出版集团股份有限公司

图书在版编目（CIP）数据

职业院校人文素质教育研究 / 夏侯南希著. — 长春：
吉林出版集团股份有限公司，2023.5
ISBN 978-7-5731-3187-4

Ⅰ．①职… Ⅱ．①夏… Ⅲ．①职业教育—人文素质教
育—研究 Ⅳ．①G718

中国国家版本馆CIP数据核字（2023）第072639号

职业院校人文素质教育研究

ZHIYE YUANXIAO RENWEN SUZHI JIAOYU YANJIU

著　　者	夏侯南希	
责任编辑	齐　琳	
封面设计	林　吉	
开　　本	787mm×1092mm　　1/16	
字　　数	304千	
印　　张	12.5	
版　　次	2023年5月第1版	
印　　次	2023年5月第1次印刷	
出版发行	吉林出版集团股份有限公司	
电　　话	总编办：010-63109269	
	发行部：010-63109269	
印　　刷	廊坊市广阳区九洲印刷厂	

ISBN 978-7-5731-3187-4　　　　　　　　　　定价：78.00元

前　言

　　人文素质教育是关系到高职教育人才培养工作全局的一个重要问题，因而，加强人文素质教育，是我国高职院校使命担当和人才培养的内在要求，是促进高职教育和谐发展、深化高职院校内涵建设、提高技术技能人才培养质量的重要抓手。

　　高职院校作为培育专业性、技能型人才的重要阵地，必须做好学生的人文素质教育工作。在提升学生专业水平的同时，也需要注重对学生的人文素质教育，将"智育"与"德育"相结合，将学生培养成专业技能与思想道德水平同步提升的、符合经济社会发展对人才的需要的、全面发展的综合性人才。因此，在人文素质教育中，相关教育工作者必须对其引起重视，要充分认识到当前职业院校人文素质教育的现状以及其中存在的问题，对症下药，对教学模式进行改进和创新，不断提升教师的教学质量，提高学生对人文素质教育的认同感和接受度，促进职业院校人文素质教育工作更好、更顺利、更高效地开展。

　　本书针对在新时期高职院校如何有效地开展人文素质教育问题进行了探索，并提出了相应的改进措施。主要内容包括人文素质教育概述、高职院校人文素质教育的基本概况、高职学生的人文素质教育现状和对策、高职院校人文素质教育评价体系、高职生人文素质全面发展、高职院校加强人文素质教育的体系建构、高职院校大学生素质教育与创新能力培养的探索与实践以及高职院校大学生人文素质拓展渠道等内容。

　　本书在编写过程中，参考和借鉴了一些学者的专著和研究成果，在此对其表示衷心的感谢。由于编者水平有限，教学任务繁重，时间紧，内容难免有疏漏、不妥之处，因而恳请使用本书的广大师生和同行予以指正，以期交流与再版完善。

目　录

第一章　人文素质教育概述

人文素质教育是社会历史发展的产物，它伴随着人类文明的出现而出现、发展而发展。但是人文素质教育在我国出现以及受到重视却是在 20 世纪。要了解高职院校的人文素质教育，首先应该对人文素质教育的基本含义、基本内容、特征等有一个基本的认识。本章内容旨在阐述人文素质教育的基本概况，为后面的章节做一个很好的理论铺垫。

第一节　人文与人文素质

人文素质教育以及教育实践有着悠久的历史，在世界各国有着不同的叫法和不同的发展程度。但自素质教育在我国受到重视以来，"人文素质教育"这一概念却是我国所特有的一种叫法，即我国所特有的专有名词。国外将人文素质教育通常称为人文主义教育或是人文教育。在我国有关教育的相关文件中，常常把人文素质教育当作"素质教育"，特别是"文化素质教育"的核心部分。通常指的是在学校教育中所开展的以人文知识的传授与学习为载体，其目的是以培育学生素养为目标的各种形式举办的教育教学活动。

研究人文素质教育问题，重中之重是理清人文素质教育所关涉的有关"人文""素质""人文素质"等基本概念。从这些具体基本信息中透视和把握它们的要点、内涵与内容等，无疑是我们进一步探讨人文素质教育问题的理论前提和理论基础。

一、人文的基本内涵

和许多概念一样，"人文"这一概念本身也有着十分丰富和广泛的意义，并且常常被人们演化、引申为不同的意义置于不同的语境中来使用，从而有着不同的内涵。"万变不离其宗"，无论怎么去演化终究是在原本意义上引申出来的。比如，我国《辞源》和《辞海》对"人文"概念的解释是："泛指人类社会的各种文化现象。"而《现代汉语词典》对"人文"的解释是："指人类社会的各种文化现象，强调以人为主体，尊重人的价值，关心人的利益的思想观念。"另外，还有学术界给出的那些简单或是复杂的用来揭示"人文"本质意义的多种解释，都是对其一种有意义但存在片面的揭示。因此需要概括出"人文"这一名词专有的、区别于其他引申意义的本质意义。不同于此意义上的概括性、抽象性，相对意义上所指的含义或内涵更为具体化和专门化。纵观古今中外对"人文"一词相对意义上的本质含义，除了一些更细微的、富有语境性的含义和其他引申意义之外，较为典型和最为基本的主要有以下三种：

（一）第一个引申义——人本身的道义

人文的第一种引申义或者说是具体意义出现的大概时间是中国以及西方社会处于原始社会、奴隶社会、封建社会的时期，也就是非常著名的且具有划时代意义的文艺复兴历史时期。这一时期所指的人文的意思就是古代中国人所说的"人之道""人之理"，有着与"天道"相反意义的意思；以及西方封建社会所提倡的"人性""人情"，不同于"物性"的意义。

"人文"一词在中国古代文学中最早出自《易经》："文明以止，人文也。观乎天文，以察时变，观乎人文，以化成天下。"这里的"天文"之"天"指自在之物，即自然界；"天文"之"文"主要是指自然界中所表现出来的各种现象以及这些现象背后的本质及规律。这里的"人文"之"人"是人类在长期劳动以及交往中所形成的人类社会，也就是人世间。此处"人文"中的"文"不单指诗词歌赋或文学知识，而是囊括了诗书礼乐在内的典章制度、伦理道德、风俗习惯等，是人类文明和文化的概述。北宋"程朱理学"代表人物之一的程颐对"人文"做了进一步的解释："天文，天之理也；人文，人之道也。天文，谓日月星辰之错列，寒暑阴阳之代变，观其运行，以察四时之速改也。人文，人理之伦序。观人文以教化天下，天下成其礼俗，乃圣人用贲之道也。"简而言之，"天文"指的是自然界中万事万物的运行状态以及背后的运行规律，"人文"指的是人类社会产生、发展、变化的历程以及这些表象背后所蕴含的人类社会的发展规律。

在西方，"人文"一词起源于拉丁文 humanitas，最早出现于古罗马政治家、哲学家西塞罗的著作中，是西塞罗在翻译希腊文 paideia 时使用的。paideia 本指当时对学生实行的文法、修辞、辩论、算术、几何、天文、音乐等七门（"七艺"）学科教育，即关于人的全科教育，提高人的智慧和思辨能力。在拉丁文中，humanitas 的原意是"人性""人情""万物之灵"，而希腊文 paideia 等同于现代"文化""教育"的含义。西塞罗用 humanitas 来阐释一种教育理想，即通过教育和教化使人获得完整、圆满的"人性"。

中外古代所谓人文的这种具体意义，是"人文"一词中最早的、也是最根本的内涵，因此后来的一切语境变化和引申都是以此为基础的。这是所指的"人文"偏向对人文学理性的阐释及其界域的界定。就宏观的角度而言，即针对人类和人类社会层面的，它具体指的是对人类社会的法度和伦理纲常的解释和总结，与自然界及其变化更替相区别；就微观的角度来说，即个人层面而言，它具体所指是人性、人情和为人之情怀与理路等，和动物及其物性相区别。总而言之，人异于自然，人类社会有运行规则，生而为人有处世章法，此乃"人文"一词第一种具体的要义所在。

（二）第二个引申义——做人之道

人文的第二种引申意义，就是西方社会从文艺复兴开始并在其近现代史上占有突出地位的"人文主义"思想，也就是我们通常所说的做人之道。这种思想在文艺复兴时期表现为一场波澜壮阔的思想文化运动和剧烈的社会变革浪潮，它是以"反对神道神性、反对迷信愚昧"为宗旨，从而以追求人道主义、理性主义以及主张张扬人伦人性的人本主义等为主要内容的一场具有划时代意义的思想文化、文化复兴事物运动。

文艺复兴时期的"人文主义"思想文化运动的发起人，包括欧洲当时进步的思想家、文学家、教育家、史学家、艺术家以及科学家等，他们构成专门组织且具备极强领导力，提倡用"人性"取代"神性"，以科学、知识取代愚昧无知，让积极的人生态度和奋发进取的精神取代消极悲观和避世的人生哲学。当时的欧洲正处于宗教神学的统治之下，教会教主的权力凌驾于一切之上，拥有至高无上的权威，一切思想文化意识都成了宗教神学的"奴仆"。宗教神学的教义认为人在神和基督教会的面前是无能为力且受神支配的、微不足道的，所以人应该是自卑、消极、无所作为的。上帝是世间万物的造物主，是世界的中心；因此，人不是万事万物的中心，人必须通过教会人员才能与上帝进行沟通。宗教神学坚持"原罪说"，认为人生来有罪，不可有任何欲望和追求，因此人生的目的不是为了追求幸福和享受，而是虔诚地信奉上帝和基督教会，接受基督教会的统治，成为经常向教会忏悔而忠诚的教民。人文主义者将以反动的基督教会的、以经院哲学为基础、以禁欲主义为中心的腐朽的世界观作为批判的焦点。人文主义思想的主旨即强调人的地位、价值、尊严和个人主义，以人为中心，肯定现实人生和世俗生活，尊重理性，倡导个性自由。人文主义思想的重点是反对基督教会称道的蒙昧主义和禁欲主义。

这场思想文化运动及其所引起的社会变革，对整个欧洲或西方世界近现代文明具有一定的奠基意义，并产生了广泛而深远持久的影响。人文主义思想体系的主要内容及特点是：赞美人的伟大和崇高，讴歌人性、人的价值和尊严；鼓励发展人的自由意志和个性自由；宣扬积极人生观念，努力追求现实幸福生活和世俗享乐；提倡科学知识和进行科学实验，反对愚昧无知；主张通过思想解放和社会制度变革等挖掘人的智慧，发挥人的才能；等。

人文主义思想体系中人文的这种具体意义，是"人文"一词的内涵在历史演进中的充实化和具体化。与上一种具体所指的学理性界定不同，此指的是一场特定的社会运动及其所形成的思想体系。这种意蕴上的人文是相对于神道而言的，主要从不同角度揭示和说明所谓人文的世俗内涵和现实内容，它反对神道和虚幻的天国，赞美人生和世俗生活，主张人是生活的主人和创造者，应充分发挥人的聪明才智，倡导个性自由，将人的思想、感情、才智从神的桎梏中解放出来。鼓励和提倡人们进行实验科学研究，探索人和自然界的奥秘，追求科学真理等。因此，从迷信和愚昧中觉醒，从神权的统治下解放出来，自由自在地去做自己想做的事情，创造属于人的世界，去过属于人自己的社会生活等，就是这种思想体系的核心内涵，亦即"人文"一词第二种具体的要义所在。

（三）第三个引申义——完整的"人之道义"

人文的第三种深刻含义，即在当代科学主义背景下鼓励人们提升人文素质，通过教育与实践培育健全的人格，成为"完整的人"的教育思潮。从西方社会的状况而言，该思潮可粗略分为"人本化教育"和"科学人文主义教育"两大发展历程。实际上，该思潮又是世界性的，它是对长期以来科学主义背景下片面突出工具理性和科学技术，忽视人文价值和立德树人之观念的世界性反思浪潮。我国近二三十年来从理论上的热烈讨论至实践上的积极探索的所谓文化素质或人文素质教育，正是其深层意蕴。

20世纪下半时期，人本化教育在美国广为流行，这是一种以人本主义心理学（humanistic psychology）为基础的现代教育思潮，主张从学生的主观需求入手，帮助学生学习并热爱有意义的知识。这种教育试图通过挖掘人类理智与情感诸方面的整体潜力来确立人的价值，认为人的自我实现、完美人性的形成以及人的潜能的充分发展是教育的目标。理想的教育，即培养生而自由却能自我约束、具有完美人格的"自我实现"的人。

西方社会历经启蒙运动、工业革命、科技革命等社会重大变迁，这是人本化教育思想的起源，对重视情感教育价值的人文主义思想的新的诠释，使它不再单纯从古典文化中探索现实的答案或只是单一的理性思考；它促进科学主义与人文精神的融合，突出科学的分析、高度的责任感，力求实现社会价值和个人价值的统一，立足于当今社会的现实和未来；它强调人的多样性、个体性和特殊性，把人从抽象概念构建起的单调乏味的符号空间，引向有温度的情感世界，因而这是一种崇高的、理想的教育，但它仍然不能摆脱社会现实的影响。在现实的人本化教育的实践中，由于某种偏颇作为或过分强调的原因，在人本化教育运动推行十几年后，美国中小学生的学业成绩下滑成为其中显著特征，而中小学生行为偏差者的人数却越来越多。人本主义教育被批评是后来新放任主义（new permissivism）的始作俑者。

20世纪后期，"人本化教育"渐趋极端并受到社会舆论质疑之时，联合国教科文组织国际教育发展委员会提出了"科学人道主义"。它代表着人道主义，因为它的目的主要是关心人及其福利；它宣扬科学，因为通过科学对人与世界的知识领域不断地做出新贡献，人道主义内容才能加以规定和实现。科学主义与人文主义原本是相互对立的观点，而它是将两者高度融合的科学人文主义。它既信奉科学，又崇尚人道。它提倡以科学为基础和手段，以人文为目标和方向，力求在科学和人文的相互协调、互为补充中，推进人和社会在物质和精神方面的和谐发展，并在此基础上不断实现人自身的完善和解放。因此，在科学人文主义思想基础上发展起来的科学人文主义教育观，并非科学主义教育和人文主义教育在概念上的简单合并，而是以科学的态度追求以人文精神为价值取向的现代教育理念，以人文精神为核心，以科学态度为框架，实现科学主义教育与人文主义教育"1+1>2"的价值统一和质变飞跃。

作为这种现代教育思潮中人文的具体含义，是"人文"一词当前使用频率最高的一种更为特定意义的具体所指，也是对上述两种内涵的深度扩展和实践。这种含义的人文是相对于科学主义而言的，侧重克服科学主义教育单纯强调工具理性和单纯技术技能培养的劣势，强调人文知识和人文情怀等的重要性，反对把人仅仅等同于一种可利用的资源或工具等，提倡回归到人本身，促进人自身的全面发展。所以，努力培养既能自由释放自身潜能，又关爱人生、关怀他人、奉献社会的完善的人格、做完整的人或自我实现的人，是该教育思潮的基本内涵，亦即所谓"人文"一词第三种具体的要义所在。

"人文"一词以上三种具体而深刻的内涵，诞生于不同的时代背景和用语环境之中，它的每次出现伴随着人类社会从古到今的历史演进。虽然它们有侧重和具体的针对性，但其基本内涵大致相同。不管它是相对于自然，还是相对于神或科学技术而言，都强调的是人，即人本身和属人的东西、人世间特有的道理。假如使这三种具体所指的基本要义相衔接，显而易见，"人文"一词的含义事实上是在其历史演进中不断递进和具体化的。这就是从所谓人之道、人之理、人性，到做人、享受世俗生活，再到完善自我人格、做完整的人或自我实现的人。换言之，所谓人文，即人之道、做人之道和做完整的人之道。从教育的视角，即从对人们进行人文教育的方面来说，教育人们懂得人和人类社会之道，自由自主地做人和创造与享受属于人自己的社会生活，努力做一个人格健全、关爱人生与社会的自我实现的人，便是"人文"一词的意义所在。

二、人文素质的基本内涵

人文素质是一种素质，是人的素质的一个组成部分。人文素质即人在自我成长历程之中，凭借相关的学习和实践活动等产生的个性心理品质，尽管该心理品质的具体内容与所谓的人文科学知识、人文理论观点等息息相关，但我国许多学者都把人文知识或理论等同于人文素质的重要内容或构成方面，这是一种误解。

人文知识或理论本来就不是什么素质，当然更不能够说是素质的内容或构成方面。人文知识或理论唯有通过作为主体的人类个体的吸收，转化成一个人的学识、素养、个性修为等，才是所谓的人文素质。

（一）人文素质的基本含义

在对人文素质进行研究的过程中，笔者发现素质最初是应用于心理学和生理学的概念，后被引申和借用到诸如教育学等领域。生理学和心理学侧重于素质本身所具有的先天性，认为素质是人与生俱来的解剖生理特点，主要是感觉器官和神经系统方面的特点，是人的心理发展的生理条件，可这并不能左右人的心理内容和发展水平。与生理学和心理学不同，教育学强调素质的后天性，认为素质是人在先天生理基础上，受后天环境、教育的影响，通过个体自身的认识与社会实践而产生的比较稳定的身心方面的基本品质或素养。此外，《辞海》所说的素质是指人或事物在某些方面的本来特点和原有基础，但素质概念主要是指人的素质，讲物的素质的情况较为罕见，而人的素质通常分为生理素质和心理素质。人文素质是人的素质中最内在、最重要的素质，属于人的心理素质，尤其是指人的思想和精神方面。

人文素质是人文与素质两个概念的结合，但这一结合却不只是概念之间的单纯求和，而是在两者融合的阶梯上突显其核心特征和基本特性。这一概念构成了教育学当中的人文素质教育的核心概念。在教育学学者对这一问题展开的普遍性研究当中，对其基本含义主要有以下代表性观点：

一种观点坚持人文素质即个体的综合素质，由知识、能力、观念、情感、意志等因素融合而成的内在品质，展现其人格、气质、修养，是个体外在精神风貌与内在精神气质的综合反映，亦是现代人文明程度的综合体现。人文素质的内涵可以理解为由人文科学知识、社会心理、文化修养、人文精神等方面综合而形成的个体内在的、稳定的、不变的特质，外在表现为人格。唯有优秀的、高尚的精神，有价值的文化，才与人文素质教育的内涵相符合。此解释注重人文素质对于个体的内在品格的综合塑造。

另一种观点强调人文素质是一种认识人的知识。人文素质是关于人类认识自己的知识，作为一个人的根本在于素质的提高，发展人文素质要学会做人，引导人们思考人生的目标、意义、价值，发展人性、完善人格、激励人民成为一个真正的人。这种认识强调人文素质的根本目的是使人成为人。

有的学者从人文素质的内在分类中把握人文素质的总体内涵，可以分为思想道德素质、文化素质、业务素质和身心素质，其中思想道德素质是根本和灵魂。人文素质教育是指更加注重学生人文精神的培养和提升，注重学生个性的不断提高；对高校而言，就是要重视大学生内在精神素质与文化素质的有机结合和协调发展，即提高人文精神的修养水平，强调人文素质是多种素质的结合。这些认识方式从不同方面揭示了人文素质的本质特征，即综合性、整体性、内在性、协同性和生成性。

虽然对人文素质目前人们还没有统一的学理界定，但大家在讨论中所言和关注的主要观点和基本内容还是一致的。大体上说来，所谓人文素质，即做人的基本素质。它体现在一个人对自己、对他人和社会的认识、态度和行为当中。广义而言，人文素质即个体成为人并发展成为人才的内在精神品质。这种精神品质往往体现在一个人在自身的学习和实践中所形成的诸如爱国忧民情怀和做人的气节情操等方面。狭义来说，人文素质指人们对文史哲艺等知识和技能的内化，它主要是指一个人的文化素养和个性修为。人的素质是一个内容丰富的体系，人文素质一方面是这个体系的一个组成部分或层面；另一方面，它本身又是一个由多种要素或多个层面的内容构成的复杂系统。诸如人文认知、人文情怀、人文方法和人文实践等，都是这个系统的主要方面或构成要素。但是人文素质又不单单等同于它们其中的任何一个，而是这些方面或要素有机统一在一起的某种整体性的心理品质与品格。

（二）人文素质教育内涵的几层意思

不同的人们对人文素质的构成要素或具体内容有不同的看法。据粗略统计，相关研究文献中有人文知识、人文观念、人文意识、人文情感、人文精神、人文思维、人文方法、人文价值取向、人文行动和人文实践等十多个要素或方面的具体内容。但是，经过仔细的分析，我们可以抛开本节开头提到的人文知识直接被视为人文素质内容的不合理说法。就从这些说法想要表达的真实意图来看，它们大致可以概括为三个主要层面：人文意识与人文修养、人文情怀与人文精神、人文行为与人文实践。其中，人文意识和人文修养是人文素质的基石，人文情怀和人文精神是人文素质的灵魂，人文行为和人文实践是人文素质的外化。它们共同构成人文素质的动态存在过程，形成一个完整的人文素质系统。

1. 人文意识和人文修养

人文意识是指一个人在与周围的人和事打交道，处理生活和实践中遇到的各种问题和关系时，尊重他人、关心他人、关注他人的人格心理倾向。人文修养是一个人通过自己的学习和努力在人文学科中获得一定的知识水平和人格修养。人文意识和人文修养与相应的显性或隐性人文知识相关，它们是在个体获得人文知识的基础上形成的，是个体作为主体对这些知识的吸收和内化的结果。人文知识是与自然知识和社会知识相对应的知识类型，是人类整体知识构成的重要组成部分，它是以语言（符号）的形式对人文世界的把握、体验、诠释和表达。丰富的人文知识是一个人完善知识结构的必要元素，是一个人成为全面发展的人的必要条件，是人文素质的前提和基础。

人们常说文学、历史、哲学、伦理学、音乐、艺术和那些几乎覆盖绝大多数人文社会科学的人都属于人文知识的范畴。这种认识是人们对自身、人的精神生活和物质生活、人类社会等认识的结果。它启发和引导人们去理解和思考诸如什么是人的本质，我从哪里来，我去哪里，我生命的意义是什么，我的价值体现在哪里，什么是人类幸福，什么是人类苦难，如何与他人和谐相处，如何处理好自己与社会的关系，如何与自然甚至宇宙和谐共存等没有明确答案但很有意义的价值问题。

人们通过对人文知识的学习和思考，将人文知识内化、转化为个体的知识结构和认知模式，为人文素质奠定了相应的知识基础。因此，人文知识是人文素质的基石。虽然人文知识并不等于人文素质，但一般来说，一个人的基础知识越扎实、越宽厚，他解决问题的能力和其他素质就越强；反之亦然，就会制约和影响他的整体素质和发展潜力。

人文知识是人文素质的基石，人文知识博大精深。人类个体应该掌握什么知识，需要具体分析。解梅和陈红在他们所著《理工类高校人文素质教育研究》（甘肃文化出版社2013年版）中的说法值得借鉴。通过对上面提及的参考书目的研读，作者认为高职生应掌握的最基本人文知识的标准是：

第一，历史与传统方面。它可以形成贯穿古今中外的重要历史知识网络体系，反映人类社会的政治、经济、思想、文化、科技等领域，学会从不同的角度认识历史发展中的整体与部分的关系，辩证地理解历史与现实、中国与世界的内在关系，能够从历史的角度和方法来发现、分析和解决问题。

第二，哲学和社会方面。把握马克思主义哲学的基本原理，理解科学的世界观和方法论，能够运用哲学的基本原理和方法分析现实生活中的实际问题。

第三，文学与经典方面。对阅读有广泛的兴趣，养成阅读的习惯，具有一定的阅读表达能力和文化积淀能力；能赏析古今中外的优秀文学作品，能通过多种方式收集素材，创作文学作品。

第四，美学与艺术方面。了解基础的审美知识，培养正确的审美观；懂得一定的写实美知识、艺术美知识和从中概括的形式美知识；具有对自然美、社会美、科技美和艺术美的感知和欣赏能力，形成健康的审美观和高尚的审美情操。

第五，人格心理方面。具有健康的心理素质和健全的、鲜明的人格，自信、自尊、自强，可以化解人的理性、情感、意志等矛盾和冲突，乐于合作，无惧竞争，勇敢探索。以上列出的内容和标准显然更加全面和理想，然而，要求所有的高职院校学生在毕业时达到人文知识的这些标准是不现实的。正如两位学者所说："人文知识的获得是一个漫长的过程，伴其一生。"对于高职生来说，高职院校的人文素质教育仅是其中一个重要阶段。高职院校可以根据人才培养方向，注重目标，高职学生也可以有个人特色，不一定要求具有全面的目标。从另一个角度来看，这种知识与人们的心理、意识、情感、意志、兴趣、语言和行为有关，引导人们思考人生的目的、意义和价值，追求人的完美和完善，以及与国计民生密切相关的社会结构、社会组织、社会团体行为和事物，促进人们认识和思考与自己密切相关的事物和现象，确立自己的定位，选择实现社会价值与个人价值统一的途径和方法，即所谓人文科学知识和社会科学知识。学校和学生对人文知识的教育和学习主要是对这两种知识的教育和学习，但具体的内容应该可以根据具体情况自由选择或强调。

2. 人文情怀与人文精神

人文情怀和人文精神是人对人的存在意义和价值的关注，是以人为对象、以人为中心的思想意识的性质和特征的集中体现，体现在人的信仰、理想、人格、道德等方面。人文情怀和人文精神是人文素质的核心和灵魂，它将通过人的人生观、价值观、世界观、人格特征和审美情趣反映出来。

人文情怀和人文精神同一切主观事物一样，不是人的本性所固有的，而是在生活实践中形成和发展起来的。它不仅与个人的努力和修养有关，也是人类优秀文化在社会后天遗传和历史传承中的积累所形成的。个体的人文情怀和精神往往根植于自身的社会文化和民族精神之中，一般具有时代的主题和品牌，具有鲜明的时代精神特征和价值取向。个体通过自身的学习和实践，将这些社会文化、民族精神、时代精神和价值取向内化为自己的人生信念、理想和道德人格，成为一种能够支配自己的人生观、价值观、世界观、人格特征和审美情趣的独特的思想品格。这种品格是人的具体的、个性化的人文情怀和精神，它是一个人人文素质最重要的内容和最内在的核心或灵魂。它是人文知识或认识的内化和升华，决定和支配着人们的人文行为和他们的具体表现。

人文情怀和人文精神的具体内涵可以从不同的角度进行审视。中国学者顾明远认为，人的素质主要体现在四种正确的处理方法上。具体表现如下：要正确对待自然，认识人与自然的关系，懂得珍惜自然，保护环境，保护人类赖以生存的生活圈；正确对待社会，理解个人与社会的关系和对社会的责任，遵守法律和公共道德，为社会进步做出应有的贡献；正确对待他人，理解他人，尊重他人及其价值观，与人为善，有团队精神；正确对待自己，正确认识自己的价值，善于剖析自己。学界认为，这四种正确的处理方法，实际上都是简短地表达了人文情怀和人文精神的本质。所以，人文情怀和人文精神，作为一个人内在的思想品质或品格，并不是不言自明的东西，而是必须通过人所处的各种具体关系和面对的关系来体现的。

比如，从人与自己所在的国家、民族和社会的关系出发，即所谓的社会关怀，人对社会的一种庄严郑重的道德感、责任感和使命感。梁启超说："人生于天地间各有责任"，"自放弃责任，则是自放弃其所以为人之具也。是故人也者，对于一家有一家之责任，对于一国而有一国之责任，对世界而有世界之责任。一家之人各放弃其责任，则家必落；一国之人各放弃其责任，则国必亡；全世界人之各放弃其责任，是世界必毁"。历史上有屈原的"独立不迁""上下求索"的精神；李白的"穷则独善其身，达则兼济天下"的壮志；范仲淹的"先天下之忧而忧，后天下之乐而乐"的态度；顾炎武的"天下兴亡，匹夫有责"的呼号；等。他们都表达着对国家和人民的关心和关怀，对国家的报国志向和对人生的态度，履行着自己的社会责任和历史使命，这些都彰显了他们强烈的人文情怀，是人文精神的生动体现。

例如，就人与自然的关系而言，人文情怀和人文精神体现在对自然的关怀和爱护上，实现人与自然的和谐共存与协调发展。人的生存离不开自然，自然是人类生存的家园。马克思甚至说过，"自然是人的无机体。"面对环境污染、资源枯竭、物种锐减、人口膨胀、各种自然灾害频发的局面，人们开始反思人与自然相处方式的合理性，如"人定胜天""战胜自然"。人们已经认识到，人与自然的和谐共处与平衡发展是关系到人类生存基础的重大问题。因此，我们必须改变我们的观念，摆脱人类的自私和狭隘的不良思想，理解和实践人类及其个体生命对自然的责任，使之达到一个新的高度。这种观念和行为的扩展无疑会令人类的生产方式和生活方式产生翻天覆地的变化，使人们对自身本质的认识有新的飞跃，使人与人、人与自然的关系更加友好，这是当今时代人文情怀和人文精神最突出的新内涵。

例如，就人与自己和他人的关系而言，关爱生命、尊重他人是人文情怀和人文精神在这方面的集中体现。关爱生命是人文情怀和人文精神的第一要义。生命的存在是一切个体存在的基础。没有生命，个体中的其他一切都将失去基础和依赖；没有每一个生命，社会将不复存在。从这个意义上说，关爱生命是生命中最重要的事情。因为，只有热爱生活，才能善待生活；只有善待生活，才能善待自己；只有善待自己，才能真正关注他人，关注一切自然的和外在的。只有这样，人们才能遵循伦理道德，从生命伦理到社会伦理，从人类伦理到自然伦理。只有真正遵守这些道德规范，才能提高人们的道德水平。以人为本，才能真正让自己的生活更有意义，更有活力，更灿烂。

尊重他人，懂得爱人，这是人之为人的基本要求。人不仅是一种合群的动物，而且是只有在社会中才能独立的动物。社会性是人的根本属性。既然如此，任何个体要融入社会，就必须懂得尊重他人，从这个意义上说，人文精神的形成也是人类社会化逐步完善的过程，判断人类社会化的中心准则是尊重他人。尊重他人，包括尊重他人的权利，尊重他人的尊严，尊重他人的价值。人只有在尊重他人的同时才能获得他人对自己的尊重。唯有如此，方可以此构建"自爱"和"他爱"相依相成的人际和谐关系。这也是人文情怀与人文精神的基本要义。

关爱生命和尊重他人所包含的人文情怀与人文精神的具体内涵，也是一个人的人格基本内容。要塑造具有人文情怀与人文精神的理想人格，实现人的全面发展，就应当树立崇高的理想信念、养成诚实守信的品格、培育开拓进取的精神、拥有积极乐观的态度以及自强不息的信心和宽容大度的胸怀与健全的心理素质等。一个人如果拥有这样的人文情怀和人文精神，那么他就坐拥千金难买的精神宝藏，懂得如何与自然、社会、他人和谐相处，敢于直面人生，敢于体验生存之美，积极探索和创造人类的美好生活。

一言以蔽之，人文素质以人文情怀与人文精神为内在支撑，后者是其最高层次，具有人文素质的最突出特征即兼具人文情怀与人文精神。

3. 人文行为及人文实践

人文行为和人文实践是人文意识和人文修养、人文情怀和人文精神的立足点，是衡量或评价一个人是否具有一定人文素质的重要指标和显性标志。人通过对人文知识的学习和理解，引起对人的生命终极本质本身的质疑和思考，发展了对相应的人文价值和精神品格的追求。这种内在的价值追求和精神品格体现在外在的行为上，即人文行为和人文实践。起初来看，素质是内在的，行为及实践是外在的，似乎是两码事。但之所以把人文行为及实践也看作人文素质的三大基本内涵之一，不仅是素质决定和支配行为，行为反映和体现素质，而且素质一词本来就包含技能的意义，表达这种技能的人文行为和实践活动是人文素质的内在要素。

人文行为和实践可以体现在人类社会生活的各个方面。比如，坚持民族气节和美德，坚持正义和真理，为国家和社会贡献力量，为人类做一些事情；比如文明行为、端正形象、爱集体、助人为乐、遵守公德和秩序，以及勤俭节约、慈悲善行等。

归根结底，人文意识和人文修养、人文情怀与人文精神和人文行为及人文实践，是相依相存、互补互通的关系。只有这三者在内部高度统一形成一个整体，才能形成完整、立体、生动的人文品质。人文意识和人文修养是人文素质的前提和基础，人文情怀和人文精神是人文素质的内在特征和追求，人文行为和人文实践是人文素质能力和水平的体现。所谓人文素质，就具体的人而言，就是通过自己的认知和实践，将外在的人文知识和标准内化为自己的习惯和性格，并能将生活的信仰转化为真正的行为。人文素质教育的功能和目的是培养具有一定人文素质的人。

第二节 人文素质教育

人文素质教育，在国外也叫人文教育，它既是丰富多彩的人类教育活动的一个组成部分，一个具有特定内容的专门层面，更是教育的原始含义和真正的本质所在。仅就其作为教育之组成部分的特定意义来说，人文素质教育是对个体人文素质的养成过程进行积极引导和自觉干预与控制的一种社会活动或行为。这种社会活动或行为采用的具体方式方法是多种多样的，最早这种教育没有固定的组织形式和操作模式，一般以族群、家庭和各种社会教育等形式出现，后来才发展为以高度组织化的学校教育方式为主渠道的专门化教育。当然，即使是在学校教育为主渠道的情况下，个体人文素质的养成同时也会受到家庭和社会等影响。专业人文素质教育主要是通过人文知识的传授和环境熏陶将人的人格、气质、修养内化为相对稳定的内在品格的过程，其根本目的是提高受教育者的文化素质、理论素养和道德情操，使受教育者学会做人、懂得做人，做一个全面发展的完整的人。从这个意义上来说，人文素质教育实质上就是做人的教育，而做人的教育正是教育的终极目的。因此，人文素质教育体现了教育的初衷和本质，既是人类教育的重要组成部分，又是教育活动的内在灵魂和核心价值所在。

一、素质教育

素质教育是以人的发展、社会的客观规律和人与社会需要之间的客观规律为基础的教育活动。它是一种以全面提高受教育者素质为目的的教育模式，人的思想道德素质、能力培养、人格发展、身体健康和心理健康教育是它的侧重点。

（一）素质教育的历史沿革

"素质教育"概念出现在 20 世纪 80 年代后期，当时，纠正片面追求升学率、全面提高学生素质的呼声日益高涨，引发了教育理论界关于教育思想的大讨论。它注重树立正确的人才观，提高国民素质。同时，一些学者开始撰写专著，对人的素质、工人的素质、人才的素质等问题进行激烈探讨。时任国家教委副主任的柳斌同志于 1987 年在《努力提高基础教育的质量》一文中首先使用了"素质教育"一词。在随后的近 30 年中，"素质教育"这个词一直伴随着我国教育改革事业的发展，并成为教育改革和发展的重要内容之一。

"科教兴国战略"在党的十四大被正式提出，教育肩负着提高国民素质、培养跨世纪人才的使命。1993 年，中共中央首次在正式文件中对素质教育做出了描述，中共中央、国务院 2 月发布的《中国教育改革和发展纲要》指出，中小学要从应试教育转向全面提高人的素质，面向全体学生，全面提高学生的思想道德、文化科学、劳动技能和身心素质，促进学生生动活泼的个人发展，办出具有自身特色的学校。随后，中共中央、国务院、国家教委等组织举办了多次关于素质教育的研讨会，并发布了一些指导意见，为全面落实素质教育提出了具体指导意见。这积极推动了我国素质教育的研究和实施，使素质教育的发展有了质的飞跃。1999 年 6 月，以"素质教育"为主题的第三次全国教育工作会议召开。会议把素质教育提高到事关国家发展大局的重要地位。江泽民同志在会议讲话中指出："教育是知识创新、传播和应用的主要基地，也是培育创新精神和创新人才的重要摇篮。"在随后颁布的《中共中央国务院关于深化教育改革全面实施素质教育的决定》中明确指出：实施素质教育，就是全面贯彻党的教育方针，以提高国民素质为根本宗旨，以培养学生的创新精神和实践能力为重点，造就"有理想、有道德、有文化、有纪律"的德、智、体、美、劳全面发展的社会主义事业建设者和接班人。这是我国首次提出素质教育的具体目标和方向。

2012 年，在党的十八大报告中明确指出："要坚持教育优先发展，全面贯彻党的教育方针，坚持教育为社会主义现代化建设服务、为人民服务，把立德树人作为教育的根本任务，培养德、智、体、美全面发展的社会主义建设者和接班人。全面实施素质教育，深化教育领域综合改革，着力提高教育质量，培养学生创新精神。"这是我们党和国家，立足于构建社会主义和谐社会，从科学发展观角度对素质教育开始新的思考。

纵观这些历史变革，可以看到，目前教育界已经不再讨论是否应该实施素质教育，而是着眼于根据不同人才所应当具备的不同素质，如何有针对性地实施素质教育，探索素质教育的新模式。

（二）素质教育的内涵

从一开始，素质并不是指狭义的生理禀赋，而是指具有丰富内涵，包括生理、心理和社会文化等方面的广泛概念。从字面上讲，素质教育是一种以提高受教育者素质为目的的教育模式，它注重人的思想道德素质、能力培养、人格发展、身体健康和心理健康教育。真正的素质教育，目的在于让学生能充分发挥个人潜能，各展所长，并培养良好的品格，而并不局限于学术上的才能。通常所说的科技素质教育和人文素质教育均包含其中。

在高等教育领域，素质教育是作为纠正大学生文化素质薄弱、专业面窄、适应性弱等弊端，探索与社会发展相适应的新型高级人才培养内容。在基础教育领域，素质教育是作为改革"应试教育"和学习负担过重而提出来的，是为了解决应试教育中的"一切为了考试"和"分数决定一切"的弊端，促进学生在德、智、体、美、劳等各方面得到全面发展。

高等教育与基础教育相比，教育对象的身心特点以及教学任务和人才培养要求等方面有着很大的不同，这就决定了大学生素质教育与基础教育中的素质教育在教育内容上有一定的差别。从理论上来讲，高等教育是一种专业教育，融入素质教育的理念，现代大学中的专业教育应该是一种以专业教育为载体、以培养适应社会经济发展高级人才为目标的素质教育。

在改革和发展的过程中，一些现有的素质教育模式由于是引自国外的教育模式，故而与中国国情和国内教育实际并不完全相适应。同时，一些自己建立的素质教育模式又没有摆脱应试教育的影子。在培养的过程中，也应该按照所属学科和专业的特色和需求来培养人才，一方面肯定素质教育是人才培养的必由之路；另一方面，不同的教育层次和不同的学科专业，都应当探索适应自身人才培养的不同的素质教育模式，高等医学教育尤当如此。

（三）素质教育的特点

1. 素质教育的全体性

素质教育必须面向全体学生，使每个学生都具备新一代合格公民应具备的基本素质。素质教育的总体要求：既要使每个学生在原有的基础上都能得到发展，又要使每个学生在基本素质上达到社会所要求的合格标准，使每个学生都能成为合格的毕业生。

2. 素质教育的全面性

社会发展需要人的综合素质，而不是人某一方面的素质。因此，开发人的素质也具有完整性。素质教育既不是为升学做准备，也不是为就业做准备，而是为人生做准备，即为人生打下基础的教育。

3. 素质教育的发展性

素质教育的发展性意味着素质教育重视学生潜能和个性的开发。每一个人都有潜力，教师要相信每一个学生的发展潜力。教师应该积极主动创造条件，激发学生的无限创造力和潜能，让每个学生都有机会在他所擅长的所有领域充分展示和发展自己的才能。

4. 素质教育的主体性

从根本上说，素质教育的主体性是教师在教育教学过程中应尊重学生的主体意识、自主性和创造性。教师应该激发其学生的学习主动性，在教育教学过程中，教师要善于激发和调动学生的学习积极性，教会学生如何去学习，让学生有自主学习的时间和空间。

5. 素质教育的开放性

素质教育涉及学生的全面发展，教育内容大大拓宽，相应的教育空间和多元化的教育渠道适应了素质教育的需要。因此，从素质教育空间和教育渠道的角度来看，素质教育已不再局限于学校、班级和教科书这些载体，而是具有开放性。素质教育的开放性要求拓宽原有的教学空间，建立学校教育、家庭教育和社会教育相结合的真正的教育网络；要求拓宽原有的教育渠道，建立学科课程、活动课程和潜在课程相结合的课程体系。

二、人文素质教育

人文素质教育，在国外也叫人文教育，它既是丰富多彩的人类教育活动的一个组成部分，一个具有特定内容的专门层面，更是教育之为教育的原始含义和真正的本质所在。仅就其作为教育之一个组成部分的特定意义来说，人文素质教育是对个体人文素质的养成过程进行积极引导和自觉干预与控制的一种社会活动或行为。这种社会活动或行为采用的具体方式方法是多种多样的，起先这种教育没有固定的组织形式和操作模式，一般以族群、家庭和各种社会教育等形式出现，后来才发展为以高度组织化的学校教育方式为主渠道的专门化教育。当然，即使在学校教育为主渠道的情况下，个体人文素质的养成同时也会受到家庭和社会等的影响。专业人文素质教育主要是通过传授人文知识和经历环境熏陶等方式，将一个人的人格、气质和修养内化为一个相对稳定的内在品格和素质的过程，其根本目的是提高受教育者的文化素质、理论素养和道德情操，使他们学会和懂得做人，成为一个全面、完整的人。从这个意义上来说，人文素质教育实质上就是做人的教育，而做人的教育正是教育的终极目的。因此，人文素质教育体现了教育的初衷和本质，既是人类教育的重要组成部分，又是教育活动的内在灵魂和核心价值所在。

（一）人文素质教育的内涵

人文素质教育，就其基本内涵而言，就是通过知识传授、环境熏陶、自我反思等多种教育方式，将所有自然科学和社会科学的优秀成果传递给个人，使之内化于个体的思想之中，培养其独特的气质、修养、品德和素质，并将其具体化到具体行为的教育过程中。具体而言，人文素质教育是传递人文知识、塑造人文精神、体现人文行为的教育过程。

人文知识的传授是人文素质教育的基本内容。人文素质是以人文知识为载体的，人文素质教育必须通过知识传递的过程来实现。随着现代教育的发展，知识的传递不再是教育的唯一内容，但它仍然是最重要的途径和内容。同样，人文素质的提升需要人文知识的传递和内化。因此，有学者将人文素质教育视为以人文知识传播为载体的教育过程，认为人文素质教育可以概括为人文学科教育和艺术教育两大基本范畴。人文学科教育的知识领域包括哲学、历史、语言学、文学、心理学、艺术、宗教、考古学等，艺术教育的知识领域包括诗歌、音乐和戏剧的阅读与欣赏。因此，人文素质教育需要以人文学科教育与艺术教育相关知识的传递为基石。虽然这样的说法未必完整与科学，也并没有得到大家的一致认同，例如，更多的人主张从显性人文知识和隐性人文知识等不同角度去概括人文知识；但是，人文素质以人文知识为根基，必须以学习人文知识为途径来促进人文素质的提高，这一观点毋庸置疑。

塑造人文精神是人文素质教育的根本目标。作为人文素质教育的基础，人文知识转移是为了提高素质教育奠定知识的基础和背景。人文素质教育强调的是质量而非知识，这清楚地揭示了在知识传播的基础上进行精神塑造的重要性。如果我们只有丰富的人文知识，却不能形成人文素养，那么知识与行为之间就永远无法达到知行合一，两者始终处于分离的状态。也就是说，知识不能内化为内在的同一性，人文素质教育的根本目标也不可能实现。因此，人文素质教育必须包含人文精神塑造的内容。一些学者为了强调塑造人文精神的重要性，认为人文素质教育是以培养人文精神为教育目的，以强调人性教育和提高个性为目的，注重实现和促进个体身心和谐发展为培养目标的人文素质教育。换言之，人文素质教育，就是培养人文精神的教育。它通过向下一代传授人类积累的智慧、精神、本质和经验，使人们能够洞察生活，改善思想，净化灵魂，理解生命的意义和目的，找到正确的生活方式。因此，人文精神的教育和培育是人文素质教育之中心要义。

人文素质教育是素质教育的一种，不仅体现在思想理论上，而且应该转化为自觉行为。因此，人文行为的外化过程也是人文素质教育的重要组成部分。行为是人类思想的呈现，思想主导行为，人文精神的塑造正是人们在进行社会实践或价值行为选择时有意识地选择人文行为的根本目的，彰显自身的文化品位和文化修养，促使内在的人文知识和内在的人文精神的同一性得以具体和现实的呈现。这种行为对整个社会和实践活动的影响更为深刻，因此，人文行为的外化是人文素质教育的重要目标。人文素质教育是指通过各种教育形式，引导学生在自身修养的基础上进行相应的实践活动，并通过个体的人将人类优秀的文化成果转化为自身的经验，沉淀成扎实的人文科学基础知识、良好的社会心理与文化修养，培养人文精神，塑造完美人格的教育活动。人文素质教育，从终极意义上说，是将人文素质外化为人文行为的教育活动。

人文知识的转移、人文精神的塑造和人文行为的外化是人文素质教育的重要内容，三者之间的关系是内在的。只有人文知识的积累才能有助于人文精神的确立，只有人文精神的确立才能有效地产生获取人文知识的内在动力；只有树立人文精神，才能将人文精神具体化为人的自觉的人文行为，人文行为的实施需要内在的人文精神的引导。由此可见，这一系列的教育过程是实施人文素质教育的系统的、统一的过程。

（二）人文素质教育的内容

一般而言，现代人文素质教育包括历史文化教育、个人品格教育、心理健康教育、创新意识教育以及社会责任感教育等。

人文素质教育就其基本内容来说，就是通过各种教育方法，通过知识传授、环境熏陶、自我感知等方式传递给个体人类自然科学和社会科学的一切优秀成果。通过自我发展和内化培养个人具有独特的修养，并将其具体化为行为，是一种教育过程。具体而言，人文素质教育是传递人文知识、塑造人文精神、体现人文行为的教育过程。目的是使受教育者能够正确处理人与自然、人与社会、人与人的关系，并加强自身的理性、情感、意志等方面的修养，使被教育者既有学识又懂得如何做人。

人文素质教育可以概括为人文学科教育和艺术教育两大类。哲学、历史、语言学、文学、心理学、艺术、宗教、考古等，都在人文学科知识领域之内。艺术教育则包括诗词歌赋的阅读与欣赏、音乐和戏剧的欣赏等。因此，人文素质教育需要以人文学科教育与艺术教育相关知识的传递为基石。

人文素质教育强调的是质量问题而不是知识，这清楚地揭示了在知识传播的基础上塑造人文精神的重要性。如果我们只有丰富的人文知识，却不能形成好的人文素养，那么知识与行为之间就永远无法达到知行合一，二者始终处于分离的状态。也就是说，知识不能内化为内在的认同，也不能实现人文素质教育的基本目标。因此，人文素质教育必须包含人文精神塑造的内容。有学者将塑造人文精神作为人文素质教育的重要组成部分，提出人文素质教育是培养人文精神的教育，其目的是强调人性教育，完善人格，培养和促进个体身心和谐发展。它通过向下一代传授人类积累的智慧、精神、本质和经验，使人们能够洞察生活，改善思想，净化灵魂，领悟生命的意义和目的，获得对正确生活方式的认知。

以人为本的理念将人文素质教育与人的全面发展的目标紧密地联系在一起，人文素质教育是现代人才培养的核心组成部分，尤其是在当代中国特色社会主义建设进程中，人文素质教育占有十分重要的地位。

第二章 高职院校人文素质教育的基本概况

第一节 高职院校人文素质教育教学的总特征及高职生的基本特征分析

加强对高职院校人文素质教育总特征的分析以及对学生基本情况的分析，能够让我们对高职院校整体的人文素质教育有一个透彻、全面的了解，从而减少在目标设定、教育教学方案设计等方面的盲目性。

一、高职院校人文素质教育教学的总特征

我国高职院校人文素质教育教学的总特征，是在教育行政管理部门的强力推动和统一指导下开展的。正如前文中提到的，1995 年原国家教委开始有计划、有组织地在 52 所高等学校开展加强大学生文化素质教育试点工作，成立了"加强高等学校文化素质教育试点工作协作组"，并先后于 1995 年、1996 年、1998年和 2005 年召开了四次工作会议，对相关工作进行研讨和部署。其间，1998 年教育部高教司颁布了《关于加强大学生文化素质教育的若干意见》，并于同年成立了教育部高等学校文化素质教育指导委员会。教育部在 2003 年将加强文化质教育工作纳入《2003—2007 年振兴教育行动计划》，在 2005 年明确提出并开始积极推动文化素质教育的普及工作……经过多年的积极探索、变革发展和实践沉淀，可以说我国大学的人文素质教育走出的是一条具有自己特色的较为稳定的同质化发展道路。这种特色大致上可以概括为顶层引领、统一部署、逐步推进，以及施教内容偏重思想政治和意识形态、教育方式侧重知识的传授与考核等。其

中，既有值得我们总结和进一步推广的成功经验，也有需要认真反思和迫切创新改进的方面。其具体情况更集中在课程的设置、教学内容的安排、教育教学方式的选择、师资队伍的建设等方面。

（一）课程的设置

在课程设置方面，目前我国高职院校人文素质教育所采取的并非普通意义上的那种循序渐进的系列化的课程设置模式，而是一种"主干"加"补充"的模块组合模式。其中，必修课为"主干"，主要包括马克思主义原理概论、思想道德修养与法律基础、中国近现代史纲要、毛泽东思想概论、邓小平理论和"三个代表"重要思想概论、当代世界政治与经济、国防教育和大学体育等课程；选修课为"补充"，一般设置一些文理交叉的知识性限选课程和诸如教育、心理、社会、文化以及美学、艺术和宗教等学校有条件开出的常识性任选课程。其中课程数量极大但占学校要求高职生获得学分比重极小的任选课，基本上可以分为三种类型：一类是针对一些热点问题和特殊现象临时开设的课程；一类是出于教师的特长和部分学生特殊爱好开设的兴趣性课程；一类是针对"后进生"和学生中不时暴露出来的问题开设的补救性课程。近年来这类"缺啥补啥"的补救性课程呈现出任意累加甚至是泛滥的趋势。

总之，这种可以任意添加课程门数的模块化课程设置模式，是我国高职院校人文素质教育的一个显著特点。这种课程构建模式，虽然具有内容丰富多彩、知识面面俱到，甚至可以灵活调整和不断与时俱进地加以丰富等优点，但高职院校人文素质教育究竟应该重点培养高职生哪些方面的人文素养、主要应该设置哪些课程、这些课程如何组合才能形成真正的合力共同塑造高职生的完善人格等，在课程设置中最能体现学校和教育者科学思考与教育意图的基本问题也由此变得模糊不清和令人难以捉摸；加上这些课程都采取的是课堂讲授的方式，造成了大学课程数量的不断增加，学生穷于应付，老师蜻蜓点水，讲不透学不好，甚至严重挤压专业课程学时，不仅人文素质得不到相应的提高，专业学习质量和整个人才培养质量也受到一定程度的影响。

（二）教学内容的安排

教育部高教司《关于加强大学生文化素质教育的若干意见》指出："大学生

的基本素质包括思想道德素质、文化素质、专业素质和身体心理素质，其中文化素质是基础。我们所进行的加强文化素质教育工作，重点指人文素质教育。主要是通过对大学生加强文学、历史、哲学、艺术等人文社会科学方面的教育，同时对文科学生加强自然科学方面的教育，以提高全体大学生的文化品位、审美情趣、人文素养和科学素质。"多年来，高职院校根据这样的统一要求积极探索实践，不断修订培养计划和教学方案，增设了许多人文科社方面的课程，使得高职生人文素质教育得到了明显的加强，并逐渐形成了全国同质化很高的一套教学内容安排和课程设置体系。

在教学内容安排方面，我国高职院校的人文素质教育特别强调思想政治教育的核心地位。在人文素质教育教学内容体系中，世界观、人生观教育，国情、时政教育，爱国主义、集体主义和社会主义核心价值观教育等，占据了绝对主导地位。虽然多年来在主管部门和一些有识之士不断强调和持续呼吁下，人们已经认识到不能把人文素质教育等同于思想政治教育，并且针对高职生不断暴露出来的一些现象和问题，采用"缺啥补啥"的方法，补充安排诸如心理疏导、法律知识讲解、文学艺术赏析乃至社会走访调研等一些更宽层面的教学内容，但这些内容的教学不仅基本上处于从属地位和应景性状态，而且开展的也并不普遍。换句话说，这些内容的教学在各高校开展得并不平衡，即使是同一所高校内部，这些补充性的内容要么只关照到部分有相关兴趣爱好的学生，要么就是针对少数所谓的"问题学生"而专设的。

总之，以思想政治素质为主的教育内容的单一性及其所呈现出的较强的意识形态化倾向，是我国高职院校人文素质教育的突出特点之一。这样的教育，无疑具有与我国国情和社会制度紧密联系在一起，并集中强化和突出高职生具体人格培养中的特定价值取向等优点，但是，它也显然简化了人文素质教育的丰富内容。加上从小学到中学再到大学对这些内容千篇一律的单向灌输，也在某种程度上造成学生对这些教学内容的淡漠甚至出现逆反心理。因此，我国高职院校目前的人文素质教育不仅现有内容的教学效果难以令人满意，而且这样的教学内容安排从根本上说，还远不能承担起人文素质教育培养完整的人、塑造学生健全人格的历史使命。

（三）教育教学方式的选择

受制于现有高职院校办学体制机制和教育理念与教学条件等情况，尽管各高职院校多年来积极探索，努力创新，创设了各种各样的加强和深化高职生人文素质教育的方式方法，例如，组织相关内容的暑期社会实践活动、开办各具特色的人文讲坛、普及所谓非传统的相关内容的电子化教学、建设案例研讨和情景模拟实验室以及人文素质教育研究基地等；但总的来看，到目前为止，把主要资源和精力集中在显性知识的单向传授或灌输方面，仍然是当前高职院校人文素质教育采取的主要方式方法。这也是我国高职院校人文素质教育的第三个显著特点。这样的特点不仅表现在上述多种方式方法的具体实施过程中，更集中地体现在被当作人文素质教育主渠道的课堂教学的过程中。在这里有必要进一步说明的是，正像目前高职院校课堂教学虽然广泛采用了现代化教学手段，一定程度上增强了相关知识讲授方式的灵活性，但并未改变知识的单向传授或灌输过程一样，上述那些方式方法在具体实施过程中也并不像它们的名称给人的联想那样，而是作为课堂讲授的某种延伸，作为知识的单向传授或灌输的具体操作方式来设置的。

总之，我国高职院校人文素质教育以传统的课堂讲授为主，高职生处于被动接受地位；过多地注重显性人文知识的传授，忽视学生自我内化能力的提升；缺乏与实际生活联系，只停留在课堂上、书本中，缺乏对学生社会实践能力的培养；更有一些高职院校甚至把人文底蕴和人文素养作为一种技巧训练，缺乏对人文精神的塑造等。这是我国高职院校人文素质教育在方式方法选择上的基本状态。鉴于此，一些学者发出了警告和呼吁：高校人文教育改革，不仅在内容上，在形式上也要有所改进，使教学形式本身成为"人文主义"。应摆脱传统的教师尊严和等级制的教学方法，高校人文素质教育要建立一种类似柏拉图对话的西方对话教学。教师应该把自己看作知识和思想的助产士，而不是强调他们是道德楷模和知识的来源。笔者认为，高校人文素质教育的改进只能从学生对人文作品的阅读积累和人文思想的塑造与个性化两个方面入手，而不只是从琐碎小事入手。

（四）师资队伍的建设

为了加强大学生人文素质教育，更确切地说，为了满足上述内容和课程的教学要求，目前我国高职院校一般都组建了一支数量较大、专兼混合并且以承担或完成相关课程的课堂讲授任务为主的人文素质教师队伍。这是我国高职院校人文素质教育的第四个基本特点。具体说来，在这支队伍中，专任教师还是以讲授马克思主义理论和思想政治课的教师为主。他们除了重点对大学生进行意识形态和思想政治方面的教育以外，其中部分教师一般也会根据自己的特长，不定期地开设一些人文素质教育的选修课等。另外，部分高校在诸如音乐、艺术、体育和一些学校感兴趣的特殊才能教育方面也设有专任教师，但数量很少。兼任教师一般可分为以下几类：一是由院系层面的辅导员、班主任和主管学生的党支部或党总支负责人等组成，这是我国高校兼职从事高职生人文素质教育数量最多的一支队伍。他们除了自己负责的具体事务和行政管理工作外，通常也会兼任一些时事政策与思想政治教育类课程的讲授任务。因为这支队伍中的辅导员和班主任等往往是由刚上岗的年轻专业教师兼任的，所以这也是一支流动性很大的极不稳定的队伍。同时，这支队伍自身的人文知识和人文素质水平也参差不齐，教学能力亟须充实与提高。二是由学校层面的校领导和校团委、学生处等方面的领导干部组成。这是一支因应相关事件、组织相关活动和召开相关会议等临时性和针对性极强的从事人文素质教育的队伍。他们一般只在针对相关事件和应对相关活动、会议的讲话中穿插一些人文素质教育的内容，或者就人文素质的某个问题或某些层面作专题报告，从而构成学校人文素质教育整体的一个组成部分。

总之，可以看出，与前述教育教学方式和教学内容安排及课程设置相对应，我国高职院校人文素质教育的师资队伍，主要是通过学校现有师资的整合与临时性组合而形成的。这支队伍的主要任务是承担以意识形态和思想政治教育为主的人文社科类课程的课堂教学任务。特别需要指出的是，这支队伍中看似有数量较大的兼任教师，但兼任教师在从事人文素质教育的时候，往往并没有将此类工作与自己擅长的领导工作、管理工作、专业教育工作等结合起来，他们并不是在深入挖掘领导和管理工作以及专业教育内容本身的人文价值与社会意义的基础上，来开展管理育人、教学育人工作的，而是另外兼做或短时内放弃本职工作，去完成表面上看来似乎是独立的人文素质理论知识或相关课程的传授工作。换句话说，他们并不是把自己所从事的工作和对学生进行人文素质教育看作一个过程的两个方面，而是把它们看作相互分离的两种独立的工作分别来进行的。这就自然地出现了所谓的我国大学普遍存在的人文素质教育和专业教育两张皮的现象。

二、高职生基本特征分析

人文精神可以分为不同层次，从低到高分为：第一，生命层次。人应该珍惜生命，热爱生命。没有生命，其他什么的也就没有意义了了，所以这是最低的层次。第二，生存状态层次。人应该像人一样生活，而不是动物。第三，求真层次。人不仅要活得好，更要有奉献精神，敢于献身于真理，敢于与权力抗争。第四，求美的层次。它是人们对和谐自由生活的追求。第五，求善的层次。人不仅是为自己而活，也是为他人和社会而活，进入了人文精神的最高境界——善的层次。

高职学生的年龄一般在 17～21 岁之间，从心理学的角度来看，他们处在青春中期（属于青春期后期），其体重和肺活量与成年人基本相似；性成熟；当脑细胞和神经系统发育完全后，第二信号系统开始占据主导地位。这个阶段的孩子缺乏对社会和生活的深刻理解，思想不成熟，行为也幼稚。但这个年龄阶段的孩子提倡自由和独立思想，反对纪律和束缚，具有青春期常见的叛逆心理，容易冲动和情绪化。他们不愿意接受说教和说教，喜欢做自己的事，自成一体。与大学生相比，高职院校学生具有以下特点。

（一）生源混杂，水平参差不齐

首先，高职院校的学生有三种：普通高中毕业生、中等职业学校毕业生、初中毕业生。相对而言，普通高中毕业生的文化基础课成绩较好，但其基本专业知识和基本技能都是零起点。中职毕业生在文化基础上表现不佳，但他们一般都熟悉中职学校所学的专业知识，就像中职学校的龙头一样，考上了高职院校，圆梦大学。初中毕业生文化基础薄弱，基础知识和基本技能为零起点，缺乏自信。

其次，高职院校的门槛普遍较低。目前，我国高考招生批次分为前期本科，第一、第二、第三批本科及高职院校。因此，高职院校已进入我国第四、第五批高考招生水平，这直接导致了高职院校学生素质的下降。不难理解高职教育被冠以二等教育的说法，这是学生拿不到一、二、三本之后的无奈之举。由于高职院校面临招生的严峻压力，一些高职院校只能不断降低招生要求，甚至一些高职院校几乎不存在招生门槛，高考分数无关紧要，这种现象严重影响了高职学生的素质。如果不能有效地保证和提高高职学生的素质，则改进高职教育的教学质量，提高办学水平，提升高职教育的竞争力等问题无疑是空谈。鉴于此，高等职业教育的生源质量明显差于普通本科教育，则在高等院校的"入口"关卡上已然落败。

再次，高职教育目前的学历层次偏低。根据《中华人民共和国高等教育法》的规定，我国高等教育分为专科、本科和研究生三个层次。与普通高等教育相比，高等职业教育在人才培养方向上只注重技术和应用型人才的培养，而目前我国高等职业教育的层次主要是专科层次的教育，高职教育体系缺乏本科甚至研究生层次的教育。近年来，由于我国高校招生规模的不断扩大，本科生已经趋于普通化，硕士生也不少见，甚至博士研究生也不再罕见。在人才竞争激烈、就业难的今天，相当数量的企事业单位招聘对员工的学历要求较高。即使岗位工作的技术含量不高，基本要求也是本科以上学历，这使得高职学生往往因为文化水平低而无缘心仪的工作。高职教育体系中高等教育背景的缺失，是众多考生及其家长放弃高职教育的重要原因。

（二）存在不同程度的心理问题

在教育实践中，我们发现许多高职学生的适应能力和可塑性并不比普通高校的学生差，当他们进入社会时其竞争力不一定会差于普通高校的学生。然而，由于我国教育体制存在弊端，许多家长和教师将考试成绩作为衡量学生优秀的重要标准。进入高校后，大多数高职学生都渴求向父母和社会证明自己的能力，但由于对高职学生的普遍歧视，高职学生比普通大学生面临着更为巨大的压力。但是压力不一定是坏事，如果高职院校的学生能得到正确的心理辅导，他们的压力就能转化为动力。但现实是许多高职学生由于缺乏有效的引导，在巨大的心理压力下出现了反常和扭曲的行为表现。高职学生的心理问题有很多，这里笔者主要说明几点：

1. 复杂的心理现状

高职学生的年龄跨度从 17 ~ 21 岁，是青少年发展的关键时期，他们的生理和心理方面发展迅速，但尚未完全成熟。与普通大学生相比，高职学生心理状态的多样性和复杂性非常突出，这主要体现在高职学生普遍存在的心理矛盾和冲突上。例如，在调查研究中，我们发现大多数高职学生活泼活跃，有强烈的表达欲，但同时他们的心理也很容易受到周围环境的影响，学习稳定性差，不能很好坚持；愿意快速沟通和思考，但严重自卑和自我封闭的倾向普遍存在。比如，大多数高职学生也都有远大的理想、崇高的个人目标，并期望考上本科院校，但看着以前的同学和朋友都考上了理想的大学而他们只能考上高职，往往会导致心理失衡，甚至对自己产生怀疑，有严重的自卑情绪。尽管收到通知书后，他们终于进入了大学，但当他们面对不令人满意的高职环境时，他们感到失望、茫然、彷徨。"什么职业学院，没有我的中学校园大。只是几栋楼，缺乏大学氛围，缺乏学术氛围。"作为一名大学生，他们缺乏荣誉感，不敢正视自己的身份，甚至逃避现实。因此，他们的情绪容易波动和难以通过个人得以控制；他们有积极了解社会、融入社会的愿望和要求，但同时，他们对社会压力的心理准备明显不足，对社会往往表现出失望和困惑。这些矛盾和冲突的心理表现在行为上，往往使得高职学生善变和不易控制，这也是高职院校教育工作者在教育、管理等方面存在诸多问题的主要原因。

2. 严重的就业心理压力

一方面，自我期望过高造成的心理压力。他们有积极了解社会、融入社会的愿望和要求，但同时，他们对社会压力的心理准备明显不足，对社会往往表现出失望和困惑。造成这种状况的主要原因是他们对高职教育定位认识不准确，对高职教育优势认识不足，对未来前景盲目悲观，夸大负面效果；另一方面，依赖心理造成的心理压力。一些毕业生在就业过程中缺乏自信，寄希望于拉关系，走后门。有些学生缺乏独立意识，在申请工作时，他们总是喜欢有父母的陪伴，或者一群同学在同一个单位工作，希望在未来能够互相照顾。但是现实是没有主见、没有勇气的毕业生，只会被用人单位抛弃。

3. 脆弱的心理素质

心理素质主要是指人在个体成长和发展过程中形成的各种心理素质和心理能量，是人自我发展和实现价值的内在必要条件。心理素质决定了一个人的心理承受能力和对外界的行为反映，所以要将培养高职学生的健康心理素质作为高职教育工作者的首要任务。心理健康的人并不是一定能胜任任何工作，而是能够在处理环境和挫折时表现出更积极的适应倾向。高职学生心理素质的脆弱主要表现在行为不端、工作精神不强等方面。高职教育工作者不仅要看这些现象的表面，更要看这些现象的本质，高职学生脆弱的心理素质则是造成这些问题的缘由。

4.厌学心理

许多学生把高考作为自己的人生目标，认为进入大学就找到了自己的生活方式。与其他一些考入本科院校的学生相比，高职学生学习自觉性较低，常常感到迷茫。此外，在学习方式上，习惯了教师的引导，而高校自主学习的特点使得许多高职学生因为没有掌握好的学习方法而导致考试不及格，加剧了厌学心理。一方面表现为学习态度消极，学习动力不足。高职学生学习拖延，怕吃苦、怕累，把学习当成苦差事，即使在课堂上，他们也不好好听讲，课后不看书，不羡慕自己周围学习成绩好的同学，也不为自己学习不好而感到羞耻，对学习抱着消极的态度。很多高职学生明显厌倦了学习，不仅不愿意学习理论课，而且对生动的实践课和讲座也缺乏兴趣。也有学生因为自身兴趣而与专业学习背道而驰，每天学习自己不喜欢的专业，他们的内心很矛盾和痛苦，学习动机严重不足；另一方面，学习方法不当，学习意志不强。缺乏合适的学习方法是高职学生成绩不理想的主要原因。高职院校的教学力求培养学生的自主学习和实践能力，要求学生具有独立思考的意识和探索实践的主动性。然而，部分高职学生仍然习惯于有教师的引导，依靠教师的解释，缺乏自主学习能力，不适应高校的教学模式，感觉无法把握学习重点，心理压力逐渐加大。同时，他们无法高效利用和分配学习时间，缺乏对学习的长期性和艰巨性的认识，对学习困难和挫折的适应能力差，没有顽强的学习意志，易造成长期学习恐惧和厌学的恶性循环。

（三）实践能力较强，文化功底较差

在我国高职院校的教育教学中，学生的学习期限是三年，大一和大二时期学习理论性的知识，课程主要是与自己专业相关的专业知识，另外就是毛泽东思想、中国特色社会主义理论体系、思想道德修养和法律基础、马克思主义基本原理，再没有别的与专业无关的课程。所以说，在他们的专业领域，无论是理论还是实践，能力都是很强的，但是，有关人文素养的知识和技巧却很缺乏。

1.学生实践能力强

高职学生有更多的机会参与社会实践，对一些问题有更深入的了解，与社会上的一些人有广泛的接触，在与人打交道方面有比较丰富的经验。高职学生知道生产实习对他们未来的意义，他们有充分的思想准备和足够的重视；参与意识和操作能力高于其他层次的学生，这一点大家有目共睹。

2. 许多高职学生的文学、历史、哲学等方面的知识较少，有的学生对优秀的文化和传统也知之甚少

虽然高职学生的实践能力较强，但他们的文化基础并不牢固，许多学生的文学、历史、哲学等方面的知识较少，对优秀传统文化也知之甚少。调查表明，绝大多数高职学生都能意识到人文素养的作用，但其人文素养水平相对较差，有待提高。人文素质教育应包括文学教育、历史教育和哲学教育。文学、历史和哲学是最能体现人文精神的学科，它们能使学生人文素质的形成由被动的潜能转化为自身修养的内在要求。文学以意象浪漫主义的表现方法不断发展人的情感世界，使人产生审美快感；哲学使人在精神上与无限沟通，与永恒对话，达到精神上的宽广和愉悦。调查结果显示，71.2% 的学生不能说出"四书"所指的文化经典，90% 以上的学生不知道《春江花月夜》是唐诗还是宋诗，多达 70% 的学生不知道《中华人民共和国国歌》的作者。只有 6.4% 的学生知道改革开放总设计师邓小平的生卒年月日，只有 6.9% 的学生知道伟大领袖毛主席的出生年月日。人文教育看似海市蜃楼，但它实际上仍是真实存在的，它影响和制约着我国高职院校每个学生的发展。在调查中发现了刚进入大学的新生知识储备的缺陷，这在一定程度上也反映了我国基础教育的功利色彩。

3. 一些职业学校的学生缺乏艺术和文化素养，语言和写作能力不强

文艺可以提高学生的审美素养，培养青少年对生活的热爱，促进科学思维能力的发展。知识虽然是有限的，但艺术所开发的想象力是无限的。我国幅员辽阔，地方戏曲种类繁多，各具特色，了解《步步高》和《雨打芭蕉》等广东音乐的学生仅 23% 左右。以喝功夫茶彰显茶文化韵味的潮汕学子 90% 以上对"龙井、碧螺春、苍山雪绿"这些名茶的产地不甚了解。文化基础的不牢固更应引起我们的重视。73.6% 的学生不知道罄竹难书的"罄"字和越俎代庖的"俎"字的准确写法，86.7% 的学生不知道耄耋之年的"耄耋"两字读音。只有 1.3% 左右的学生知道《游击队之歌》是著名音乐家贺绿汀的代表作。人不能机械般生活，除了衣食住行外，还必须要有健全的精神生活，要有适当的方式能够去发泄自己的情绪，理解生命的意义。

4.高职学生常识匮乏现象十分严重

据调查，大约有 60.1% 的学生不知道哈尔滨是中国最北的省会城市，约 70% 的学生不知道重庆是中国的第四个直辖市，只有 11% 的学生知道"弥撒"是基督教的礼拜仪式术语。以上劣势除了影响学生搭建更高的知识平台之外，也使学生的社会交往范围和领域被束缚，尤其是缺乏一定的背景知识，大大降低了高职学生的文化品位和精神魅力。

（四）学生的人际交往心理问题

高职学生人际交往是高职学生学习和生活中的重要环节。高职学生主要与朋友、同学、老师和家长交往。他们有人际交往的需要，渴望有良好的人际关系，但他们不知怎样做，所以问题频出，影响他们的学习和生活，主要表现在以下几点：

第一，社会交往萎缩，沉迷网络世界。因为学习成绩不好，有些高职学生对正常的社会交往心存顾虑，畏首畏尾，害怕被轻视，所以不愿意和熟人交往，介意暴露自己作为高职学生的身份，会刻意回避正常的社会交往，甚至希望自己被外界孤立。一些高职学生觉得一般的人际交流很难满足他们的需求，所以他们试图在网络世界中获得补偿及安慰。许多高职学生热衷于在互联网上交朋友，痴迷于在互联网上寻找所谓的友谊，一些学生有一种特别自由的感觉，在网络世界里做任何他们想做的事情。自制力欠缺，道德意识和自律意识弱，无视网络交往的道德规范，做一些通常不该做的、明显不道德的行为。沉迷于网络交际容易导致忽视真实可信的人际关系，使人际关系更加淡漠，导致人际情感逐渐萎缩，并在人际交往中产生严重的心理障碍。

第二，异性交往中的行为偏差。随着青春期的到来和性意识的觉醒，高职学生逐渐通过异性的长期异化，进入了新的异性恋阶段。他们渴望有亲密的异性朋友，感觉和异性聊天交流很开心、很兴奋，希望能和异性建立良好的关系。然而，因为情感的冲动和迷茫，许多高职学生无法分清友情和爱情的界限，无法理性地对待自己朦胧的感情，过早地追求所谓的爱情，所以恋爱的现象比较普遍。许多学生也为没有男女朋友而感到羞愧，这导致了高职学生出现道德心理问题和不当性行为。有的学生也因为异性交往中的情感问题导致了自残等，影响了正常的学习和生活。

第三，在与老师和家长的沟通中缺乏信任。由于中学师生关系恶劣，一些高职学生经常受到教师的忽视、排斥和批评，对教师产生一种条件反射的疏离感，想亲近教师却又怕被冷落。学生在处理与自身相关的问题时，往往会产生强烈的不满或偏见，形成敌对情绪，出现叛逆行为，不配合或支持教师的工作。许多学生发现和父母交流很困难。他们对父母提出经济或其他方面的要求，经常抱怨父母不理解和尊重自己，轻视父母的存在和价值，与父母不断发生冲突。当面对一些重要的选择时，他们不会向父母或老师寻求帮助。最终，他们会遭遇挫折和失败。

第四，大多数高职学生都是独生子女，更容易忽视、漠视他人，以自我为中心的成长环境让自己的心理人格很容易发生冲突，一方面，自己的内心封闭；另一方面，他们想与更多的人交往，希望被身边的人理解。绝大多数的学生不希望别人知道他们在想什么，很多时候都在故意隐瞒自己的真实想法，拐弯抹角，欲言又止；同时，他们也希望能结识更多的人，得到别人的理解，获得真诚的友谊。

（五）社会责任意识不突出，对现实社会生活的关注不够，人才成长方向不甚明确

社会责任是一种强烈的自我意识和崇高的情感与意志，青年学生是否具有社会责任感，直接关系到全面建成小康社会的历史进程快慢，关系到他们能否肩负起实现中华民族伟大复兴的历史使命。调查显示：71.2%的学生对于"抗非勇士"钟南山的名字以及其在全民族万众一心、众志成城抗击非典中所书写的英雄诗篇并不知晓。责任意识的形成是成熟的开始，责任意识的觉醒离不开对真实国情的深切关注和理解。遗憾的是，97.9%的学生不知道抗击非典事件的起因，引发了我国城市流浪人员收容遣返制度的重大变革。每个人都要为世界的兴衰负责。高职学生应自觉把自我成长、自我实现的人生理想与振兴中华的历史使命感和社会责任感结合起来，把社会需要和时代要求内化为个人成长目标，树立正确的人生观、世界观和价值观。然而，在调查中我们发现，31.5%的学生不知道父母的生日，24.9%的学生明确反对中国的计划生育政策。在新的世纪、新的阶段，迅速实现现代化的宏伟目标，在一定程度上取决于教育观念的更新和人才培养质量的提高。上述问题不仅凸显了高职学生人文素质的缺失，也暴露了高职院校以往的

教育目标、教育方向、学生知识结构和能力培养等方面的问题。毫无疑问，这些问题将在一定程度上影响经济文化建设战略目标的实现。

第二节　高职院校人文素质教育体系建设构想

人文素质体现了一个人的思想道德修养。一定的思想道德观念总是以一定的文化底蕴为基础，一定的人文意识又总是蕴含着一定的价值观念。大学生是我们国家的未来、民族的希望，他们的理想信念、思想道德和科学文化素质如何，不仅直接影响他们的成长，而且关系到我们国家的前途和命运。新世纪高等教育的新使命就是促进科学教育与人文教育的融合。科学教育和人文教育都是现代教育中不可或缺的重要组成部分。只有科学精神和人文理想兼备的人，才是现代意义上全面发展的人。人文教育的核心，是人文精神的培养和人性的完善、提高，对促进人们树立正确的世界观、人生观和价值观具有重要的作用。在人类跨入 21 世纪的今天，人类社会已经步入一个高度综合化的新时代，高等教育在教育体系、教育内容、教育方法上趋于文理融合的趋势，随着知识经济、信息社会的不断发展，加强大学生的人文素质教育已成为当前世界高等教育改革与发展的潮流和趋势。高校要充分认识到人文素质教育在人才培养模式改革中的重要作用，积极探索和完善大学生人文素质教育体系，与时俱进，更新教育观念，深化教育教学改革，促进大学生的全面发展。下面就此提出几点粗浅的看法。

一、积极推进课程体系改革

素质教育是一种教育思想、教育理念，因而要贯彻到教育的各个环节，贯彻到教育培养的各个过程。在当代大学生的成长过程中，高等教育对大学生素质养成的影响和作用不应仅仅局限于课堂之中，还应贯穿于学习、生活的全过程，"第二课堂"的教育活动应逐步被纳入整个学校的素质教育体系。也就是要改变过去紧紧围绕专业设置课程的方式，突破狭窄的专业局限，充分吸纳当代自然科学和人文科学的最新成果，建立符合受教育者全面发展规律、激发受教育者创造性的新型课程体系。

（一）加强课程建设

课程的结构决定了学生的素质结构。课程教学是人才培养的最基本途径，自然也是加强人文素质教育的重点。要培养大学生优秀的人文素质，必须积极推进课程体系改革，所有专业都向人文教育拓宽范围，在学科结构和学生的知识结构上重视文理学科的综合，有目的地建立一系列有利于培养学生人文素质的具有广泛性、交叉性和时代特征的课程：一是适当减少必修课，增设人文社会科学课程，增加选修课，设置文理交融渗透的新型课程和学科。规定各类学生既要学习自然科学知识，又要学习人文社会科学知识，同时允许学生根据需要与可能自由选修各门课程，并使这种跨学科的教学模式贯穿整个高等教育过程。二是设置一系列面向全体学生的、反映各学科前沿发展动态的，以及该学科与人类社会发展相互关系为主要内容的短课程，使学生能在较短的时间内了解最新的科技发展动态和研究前沿，扩大学生的知识面，开阔学生的视野。三是开设一系列适合大学生特点的人文素质教育特色课程和艺术课程，鼓励学生自学名著名篇。开设既保证培养学生科学素质的课程，又注重培养学生人文素质的课程，使人文教育和科技教育相融合。通过加强大学生的人文素质教育，进一步陶冶情操，净化心灵，培养学生良好品质，促进学生的身心全面和谐地发展，以满足21世纪的发展要求。

（二）开设人文素质教育讲座

人文素质教育讲座是开展大学生人文素质教育的有效途径。我国传统文化的一个重要特点就是重视人文精神和人文教养，即重视人自身的教化和塑造。这些优秀的文化传统促进了中华民族的繁荣，产生了我们的民族精神和智慧，至今仍具有不衰的魅力。人文素质教育讲座不仅具有学术功能，而且具有人文教育功能，以深厚的人文精神与科技对话、以自信的民族传统与西方文化对话、以高远的大学文化与社会生活对话、以广阔的知识视野与专业体系对话，借以培育大学生的人文底蕴。开设人文素质教育讲座首先要突出人文主题。重点要突出"文、史、哲、艺"的人文主题，使每一个讲座都能为听众打开一扇窗户，展现一片新天地。其次要精选主讲专家、学者：一要在本专业有较深的造诣；二要考虑到青年学生的思维特点，聘请的专家应同时兼顾老年及青年；三要有良好的表达能力；最后要兼顾理论性和通俗性。人文讲座既是高雅的，也可以是通俗的，在坚持安排高格调、高品位讲座的同时，也可适当安排一些学生关心的热点问题讲座，努力做到雅俗共赏。因此，要积极发挥高等院校学科门类齐全、师资力量雄厚的优势，有目的地聘请校内外知名专家学者、教授为学生举办讲座，引导、教育学生热爱科学、追求真理、陶冶情操、端正人生态度、提升人格魅力。

（三）发挥"两课"的主阵地作用

高校"两课"是全面推进素质教育的重要阵地，是大学生的必修课，在把新一代大学生培养成为社会主义事业的建设者和接班人方面起着不可替代的作用。教育部在《关于高校马克思主义理论课和思想品德课教学改革的若干意见》中明确指出："要把马克思主义理论课和思想品德课作为人文社会科学的重点学科加以建设，把'两课'作为学校的重点课程加以建设。"其实，"两课"从其内容和学科性质看本身就属于人文社科类课程，对学生人文知识和人文能力的培养具有重要作用。人文素质教育的核心目标是培养学生的人文精神，如热爱祖国、奉献社会、不屈不挠的精神品质，这与"两课"的主要教学目标——培养爱国主义、集体主义、社会主义精神，树立正确的世界观、人生观、价值观内涵一致。因此，我们要充分发挥"两课"在人文素质教育中的主阵地作用：一方面在"两课"教学中增加有关人文教育的内容，使师生认识到人文素质教育是当代社会、政治、经济、文化发展对教育提出的必然要求，是加强思想道德建设的有效措施；另一方面要发挥"两课"的主阵地作用，积极渗透人文教育，把人文精神渗透到教育和教学的各个环节中去。通过"两课"教学，让跨世纪的青年学生从科学的理论中树立远大的政治理想，增强建设具有中国特色社会主义的信心和责任感，树立正确的世界观、人生观和价值观，使他们健康成长，承担起建设具有中国特色社会主义宏伟大业的重任。

二、提高教师队伍的整体素质

实施人文素质教育，教师是其中的关键。教师是大学生人文素质教育的直接组织者和实践者，与学生接触最多，对学生影响最大，师资队伍的素质水平直接关系到教学效果和教学质量。

（一）加强教师队伍的师德建设

师德师风是整个学校的精神面貌和灵魂。教师是人类灵魂的工程师，教师的示范作用和榜样力量是最直接和无穷的，教师的思想道德素质和品行学风、言传身教及其敬业精神对学生起着潜移默化的作用。加强师德师风建设，是高等学校责无旁贷的使命，是高校教师义不容辞的任务。在复杂的国际、国内环境下，要不断提高教师自觉、熟练运用马克思主义的观点、立场、方法去分析现实问题，解决学生中的热点、难点问题，不断提高思想素养。要通过多种渠道大力培养教师科学正确的世界观、人生观和价值观。在教师的考核和聘任工作中，把教师的职业道德建设放在重要的位置，实行师德条件"一票否决制"，促使广大教师增强工作责任感和事业心，努力提高职业道德水平，以高尚的道德规范自己，影响和教育学生；树立良好的职业道德形象，爱岗敬业，为人师表。

（二）提高教师队伍的科研和教学能力

改革开放以来，高校教师的整体素质有了显著提高。为了提高教学的实效，高校教师不应该只在课堂上单纯传授专业知识，还应该引导学生学会对现实问题独立思考，这就意味着，高校教师不仅应该具有对民族和人类命运的高度责任感和使命感，还应具有高尚理想、信念和情操的人格力量，而且还要具有坚实的理论功底、广博的知识结构，能够结合专业教学对学生进行人文教育。教师素质的高低，不仅取决于教师的知识结构和水平，而且取决于教师的科研能力。从某种意义来说，教师科研能力的高低决定着教学实效的好坏。因此，教师必须把科研放在更加突出的位置，不断提高业务水平。一个优秀的教师既要具有教学领域的基础知识，又要具有本研究领域的高深知识。而知识的获取，除了博览群书和参加社会实践之外，更重要的是要加强学术研究，通过学术研究来提高理论素养。只有教师科研素质提高了，教学任务才能真正显示出旺盛的生命力。

（三）培养教师文理兼通的创新素质

在全面推进素质教育的过程中，许多大学都加强了人文教育力度，开设了艺术课和人文课，然而由于教师文理不能兼通的局限，人文教育与科学教育所形成的只是一种文理杂拌的"拼盘式"教育。文理教育实际上仍是"两张皮"，既不能使学生在科学教育中感受到人文的熏陶，也不能使学生在人文教育中体会到科学的力量。这使得学生无法领会到科学和人文的内在联系和一致性，导致学生的素质难以提高。学生人文素质的形成十分需要教师人格的感染与启迪。如果教师在讲授科学现象、规律、方法和应用中渗透了人文精神，学生就会被教师的这种人格魅力感染，潜移默化地接受教师的思想。因此，培养文理兼通的高素质教师队伍是加强素质教育的当务之急。古人云："师者，传道、授业、解惑也。"学生的惑，不仅是学业上的惑，更是悟道中的惑，这就要求教师的"业"和"道"都要有很高的素养，既有高深的学科造诣，又有高尚的人文修养，在教学过程中能够渗透人文素质教育。高校要采取有效措施，促进教师努力提高自身的人文素质，完善知识结构，树立育人意识，在教学中增加文化含量，渗透和融合人文素质教育，增强人格感召力，使教师成为人文素质的专家、学者，真正发挥他们在教书育人中的作用，引导学生树立正确的世界观、人生观、价值观。

三、深入开展社会实践活动

实践是检验真理的唯一标准，也是人取得正确认识的基本途径。大学生的社会实践活动是指高等学校有目的、有计划、有组织地引导大学生走向社会、接触社会、了解国情、接受教育、丰富知识、提高能力和服务社会的一种实践教育活动。社会实践活动作为我国高等教育的一项特殊教育内容与形式，具有特殊的素质教育功能，越来越受到人们的关注和重视。

（一）社会实践活动是整个高等教育体系中的重要组成部分

社会实践活动是高等教育中的重要环节，是培养社会主义事业建设者和接班人的重要途径。大学生社会实践活动作为一种有目的、有计划、有组织的实践教育活动，其根本目的是让学生深入社会、接触实际，通过实践活动了解国情、受教育、长才干、做贡献。大学生社会实践活动的安排、实践内容、形式和地点的选择都要满足高等教育培养目标的要求。大学生社会实践活动的内容可分为两大类型：一类是纳入教学体系的，主要包括专业见习和实习、社会调研、毕业设计、公益劳动和军事训练等；另一类是利用节假日或课余时间进行的，主要包括社会调查活动、社区援助活动、"三下乡"服务活动、勤工助学活动、科技开发活动等。高校要引导和鼓励大学生在学习之余走出校门，走向社会，促进教育与生产劳动和社会实践之间的紧密结合，把所学的知识转化为做人的基本品质和基本态度。如利用寒假、暑假组织大学生开展大型社会实践活动，日常坚持参与到青年志愿者活动、扶贫帮困活动、社区服务、参观革命老区活动；等等。通过社会实践活动，学生不仅可以了解社会对大学生素质要求的信息，而且可以发现自己的缺点和不足，认识到自己与社会要求的距离，从而增强提高自己综合素质的自觉性和能动性，使大学生的爱国主义、集体主义精神在丰富多彩的社会实践活动中得到升华，境界得到提升，责任感、使命感和奉献精神得到强化。

（二）营造良好的校园文化氛围，优化育人环境

中国教育历来重视环境育人。随着教育的迅速发展，人们越来越认识到校园文化建设在学校人才培养中所起的重要作用。大学生的人生观、价值观和道德观的形成，人文精神与科学精神的确定，都深受校园文化的影响。校园文化建设对学生综合素质的培养和提高具有潜移默化的作用，并已越来越成为学校教育的重要手段和第一课堂的补充和延伸。在进入21世纪的今天，面对知识经济、信息时代的到来，充分利用校园文化的独特功能，大力培养学生的创新能力与人文精神，更是时代的迫切要求与需要。要坚决抵制腐朽文化和各种错误思想观点对青年学生的侵蚀，用正确、积极、健康的思想文化占领校园阵地，努力营造符合先进文化前进方向要求的良好文化氛围。要积极开展丰富多彩、格调高雅的业余学术活动和文化活动，构建大学生人文素质教育的有效载体。如聘请社会名流、优秀校友来校做报告；引导学生积极参加社团活动，丰富文化知识；开展内容丰富的文艺活动，例如，举办文化艺术节、演讲与辩论比赛、模拟法庭等，提高学生的参与意识。

（三）加强大学生社团管理，发挥社团的育人功能

学生社团是学生为增长知识、培养能力，丰富和活跃课余文化生活，自愿组织起来的群众性团体。随着社会经济的发展、科学文化的进步，学校的学生社团活动在蓬勃发展，类型在增多、规模在扩大，已经成为学生第二课堂学习的主要园地，成为发展学生多方面兴趣、爱好，练就一专多能本领的课外活动形式，在新世纪人才培养中起着积极的作用。但是，由于学生社团种类繁多，既有娱乐性的，又有学术性的，加上学生社团活动吸引了众多学生参与，涉及面广，形式多

样，因此，管理难度较大，要求也比较高。我们必须正视学生社团活动中可能出现的问题，例如，有的社团活动违背本社团的宗旨，超出本社团的活动范围；有的社团组织内部管理混乱；有的搞小圈子，拉关系；有的甚至借社团之名，进行非法活动。我们要通过各种措施和办法，加强对学生社团的引导和管理，更好地发挥社团的育人功能。

综上所述，加强大学生的人文素质教育已成为一种共识，这是当代社会发展对人才培养提出的要求，也是现代教育发展的一个必然趋势。构建完善的高校人文素质教育体系，推进人文教育与科学教育的融合，培养大学生的人文素质，既是一个理论问题，还是一个实践问题，为此，高等学校任重而道远。

四、人文素质教育课程体系的构建原则

（一）转变教育质量观，树立全面的质量观

全面的质量观即树立与现代教育特点相符合的以促进学生素质全面发展为宗旨的质量观，培养既具有高度的科学精神又有厚实的人文素养的人才；把学生的政治素质、道德素质、文化素质、审美素质、劳动素质、身体心理素质的全面发展水平，作为衡量教育工作质量和学生质量的标准。

（二）转变专业素质观，树立综合素质观

在高等教育中，文化素质是基础，人文素质是基础的基础。人文素质对专业能力的养成和适应未来专业需求的可持续发展能力的培养具有重要的意义。因此，转变专业教育就是教会学生如何做事、如何谋生的狭隘观念，树立专业教育与人文教育并重的综合素质观念。

（三）转变课程独立观，构建科学的课程体系

人文素质内涵十分丰富，其中包括人文科学、社会科学、思想政治、语言艺术、体育卫生等诸多领域，因此必须搭建人文教育课程平台，构建较为科学的课程体系。同时，要在专业课程的教学中，挖掘人文内涵，渗透人文精神，使专业教育与人文教育相结合。除上述显性课程之外，还应注重开发富有启发意义和实践意义的隐性课程，如文化活动、实践活动等。唯有如此，才能实现人文教育的综合化、立体化。

（四）转变课堂教育观，加强社会实践

社会实践活动是培养学生人文素质的重要途径，因此，必须增加学生的各类实践活动，如社会调查、社会服务等。使学生在多种多样的活动中，在与社会、自然的交往中开阔视野，关注人生，清楚认识自己的责任和义务，正确处理个人与社会、自然的关系，实现自己的人生价值，培养和提高自身的人文素质。

五、人文素质教育的效果评价

按照知识、能力、素质协调发展的要求，把人文素质教育纳入人才培养整体规划之中，构建人才素质的评估标准，在教育管理过程中具有实质性的作用。评价的指导思想、具体指标、方式方法及其效用牵动着人文素质教育的方方面面，影响着人文素质教育落实的力度。在对学生人文素质的评价研究中，应始终强调全面评价，即从学生的整体素质考查，看其各项素质及结构是否合理，是否全面和谐发展，同时突出个性评价和动态评价，即在承认学生个体差异的基础上进行，用发展的观点考查和评价学生人文素质养成的全过程，在实践活动中看人文教育持久发挥作用的程度，用实践检验、评价学生的素质状况。

我们强调，人文素质教育的效果评价应重点把握以下四项工作：

第一，开展新生素质调研工作。组织对历届新生的素质调研工作，制作专门的问卷进行全面的调查研究，获取新生思想道德修养、知识水平、心理与身体健康状况和已经形成的与专业有关的能力信息，并建立个人基本素质档案。专业导师和教学导师要了解和掌握学生的相关信息，为有针对性地开展选修指导、专业培训、心理咨询、活动规划等提供较为科学的依据。

第二，完善课程管理制度建设工作。将文化素质教育纳入教学管理、学生工作管理、教师业绩评定管理系统之中，加强对文化素质教育通识课任课教师、教育过程、教育内容、教育质量、成绩评定和登记等的监督与指导。重视对文化素质教育教学和各项工作的评估，有针对性地制定相关评估标准，如人文素质教育课程考核制度、第二课堂实践活动考核制度、文化竞赛证书制度等，不断提高教育实效。

第三，完善学分制管理办法。科学规划学分结构，在必修、限选及任选学分

中规定人文素质类课程的最低学分。同时，完善大学生人文素质评估内容，将文化素质教育活动纳入学生课外学分管理之中，将其在各种文化活动、艺术竞赛、社会实践中所取得的成绩和表现作为人文素质的评价依据，分别计入相应学分。课外学分的实施对学生良好思维方式和行为规范的养成将起到很好的约束和激励作用，并成为动态评价的重要方面。

第四，落实毕业生素质测评工作。测评通过学生自评、班级评价和院系评价相结合的方式，对学生的思想道德素质、科学文化素质、身体心理素质和职业素质进行综合评价，形成评价意见。毕业生素质测评工作既是调研工作的延续，又是对人文素质教育效果的总评，还可为日后的社会反馈提供参照，从而为建立人文素质教育的长效机制奠定基础。

第三节　高职院校大学生人文素质培养的内容和意义

一、高职院校大学生素质教育的内容

讲到素质教育我们就必须得先了解什么是素质，下面就简短地介绍一下素质的含义及内容。

（一）素质的含义

《现代汉语词典》解释：素质是事物本来的性质，既包括人的先天特点，又包括后天的素养，以及平日的修养。修养则是一种养成，表明人发展的状态、水平。可见，素质概念既可以从生理方面又可以从心理方面去解释；既可以说是人的"原始的状态""本来的性质"，即先天的素质，如遗传素质，又可以说是人在后天形成和发展的状态、水平，即通过环境、教育和社会实践活动而形成和发展起来的素养，如现有的身体素质、心理素质、文化素质等。

（二）高校大学生素质教育的内容

高校实施素质教育，就是要全面贯彻党的教育方针，以德育教育为核心，以培养学生创新精神和实践能力为重点，造就德智体美全面发展和知识、能力、素质综合协调发展的、适应未来社会需要的高级专门人才。大学生素质教育的内容包括思想政治素质、人文素质、创新精神和实践能力、法律素质及道德素质、身体心理素质等方面。

1. 思想政治素质

思想政治素质是指大学生思想意识、道德行为、政治态度、法纪素养等符合时代特征的基本品质，是大学生政治观、人生观、价值观、道德观的综合体现。

在大学生的多元素质中，思想政治素质是灵魂，居于各种素质之首，它对造就 21 世纪高素质人才起着引导和保证作用。思想政治素质是一个人的政治态度、政治观点、思想观念、思想方法和政治理论等方面的基本品质的总称，主要包括思想素质和政治素质两个方面，思想素质是由思想认识、思想情感与思想方法三方面因素组成的，而政治素质则是由政治信念、政治观点、政治立场等要素组成的。

大学生正处于世界观、人生观和价值观形成和发展的重要时期。虽然他们的思想政治素质还能有一定的发展，但总的来说，他们的社会生活经验还不够丰富，思想还不够成熟，可塑性比较强。因此，大学生要不断地学习政治理论知识，用科学的理论指导自己的实践，做到理论与实际相结合，努力去改造自己的主观世界，提高自身的认识和鉴别能力，培养良好的思想政治素质，树立正确的世界观、人生观、价值观，从而提高思想政治方面的素质。

2. 人文素质

人文素质主要包括专业理论素质（指大学生对教学计划内专业基础、专业理论课程的学习掌握程度）、文化艺术素质（指大学生应具备的人文社会科学和自然科学知识，文化底蕴、艺术修养、审美情趣以及关心社会、关心人类的态度和精神）、身心素质（指大学生的身体和心理健康状况、体育运动技能、体育训练和达标情况、社会适应性、心理承受能力以及个人言行和生活习惯等方面的修养）。

人文素质，从广义来说指一个人发展为人才的内存于主体的精神品格。这种精神品格在宏观方面汇聚于作为民族精神脊梁的民族精神之中（爱国），体现在人们的气质和价值取向之中（有骨气）。从狭义来说指人文（即文史哲艺）知识和技能的内化，它主要是指一个人的文化素质和精神品格问题。

人文素质是关于"人类认识自己"的学问，"做人的根本在于品质培养"，发展人文素质就是"学会做人"，引导人们思考人生的目的、意义、价值，发掘人性、完善人格。追求人的美化，启发人们做一个真正的人，做一个智慧的人，做一个有修养的人。

人文素质的培养始于人性的自觉，一个人只有注重心灵自悟、灵魂陶冶，只有着眼于美好情感的积极内化，才能逐渐提高自身的人文素质。良好的人文素质表现为：追求崇高的理想及高尚的道德情操，向往和塑造健全完美的人格，热爱和追求真理，严谨、求实的科学精神，儒雅的风度、气质等。

3. 创新精神和实践能力

创新精神是指大学生在学习、工作中表现出的创造发明素养（包括独到见解、独特方法）。实践能力是指大学生完成学习任务，参加社会实践和社会活动，以及运用所学知识解决生活、生产、技术等各方面实际问题的能力。

创新概念最早是由美籍奥地利经济学家熊彼特提出的。熊彼特认为："所谓创新，就是建立一种新的生产函数，也就是说，把一种从来没有过的关于生产要素和生产条件的'新组合'引入生产体系。这种新组合包括以下内容：①引入新产品；②引进新技术；③开辟新市场；④开拓并利用原材料新的供应来源；⑤实现工业的新组织。"显然，熊彼特的创新概念包含的范围很广，涉及技术性变化的创新和非技术性变化的创新。

培养学生的创新精神是知识、经济发展的必然要求。21世纪是知识经济时代，科学技术突飞猛进，科技进步日新月异，高科技成果向现实生产力的转化越来越快，国际竞争日趋激烈，知识经济初见端倪，并对人类的经济、社会生活产生巨大的影响。据估算，科技进步对经济增长的贡献率在农业经济时代不足10%，工业经济时代后期达到40%以上，而在知识经济时代将达到80%以上。世界资源开发的核心已由物力资源开发转向人力资源开发，人才成为第一资源，成为经济发展中的决定性因素。一个国家、一个民族的发展、繁荣、富强，将越来越主要地取决于或依赖于知识进步的程度、知识创新的能力。国家的综合国力和国际竞争能力将越来越取决于教育发展、科技进步、知识创新的水平。江泽民指出："创新是一个民族进步的灵魂，是国家兴旺发达的不竭动力，一个没有创新能力的民族，难以屹立于世界民族之林。"我国要实现现代化，赶超世界科学技术发展先进水平，就必须使全民族确立创新意识，在各项事业中不断创新。同时，更需要培养一大批具有创新能力的高层次人才，使其成为国家现代化建设的中流砥柱。

实践能力的含义要高于"动手能力"。"动手能力"构成了实践能力的主体，但不是全部。实践能力应包括对事物敏锐的观察能力和分析能力，敢于接触实际、提出问题和解决问题的"动手能力"，以及处理工程实际问题时所需要的协调能力。由于实践能力与创新思维、创新能力的培养有着极为密切的联系，这就使实践能力的培养显得更为重要。

大学生实践能力的培养日益受到人们的重视，因为实践是创新的基础。我们应该彻底改变传统教育模式下实践教学处于从属地位的状况。构建科学合理的培养方案，一个重要任务是必须为学生构筑一个合理的实践能力体系，并从整体上策划每个实践教学环节。这种实践教学体系是与理论教学平行而又相互协调、相辅相成的。应尽可能为学生提供综合性、设计性、创造性比较强的实践环境，让每个大学生在大学四年中都能经过多个这种实践环节的培养和训练，这不仅能培养学生扎实的基本技能与实践能力，而且对提高学生的综合素质大有好处。

4. 法律素质及道德素质

大学生的法律素质是由大学生的法纪知识内化形成的相对稳定的行为，即边界的心理品质，它通过内心结合和习惯来约束大学生的行为，调控个人与个人、个人与学校及社会之间的关系。大学生道德素质是指大学生在做人与成人实践中内化成的行为规范的心理品质，包括大学生在学校和社会生活中形成的若干关于善与恶、公正与偏私、廉政与腐败、诚实与虚伪、创新与陈旧、积极向上与不思进取的心理品质，为增进自身全面素质发展与以个人发展为中心等观念，以及情感和行为习惯对应的心理素质。

5. 身体心理素质

身体心理素质是指个体的个性、接受教育的程度、伦理道德规范、价值取向等情况的总称。

与他人教育相结合，积极开展形式多样、丰富多彩的社会活动，锻炼学生的能力，提高学生的综合素质，这样就可共同促进学生素质的提高、能力的发展。

因此，加强多方联系与合作能使学生的健康发展得到有效的保障，使全面开展素质教育有了多方支持，有利于将素质教育的开展全面推向前发展。

加强学生的思想政治教育及文化素质教育。思想政治教育作为开展学生素质教育的重要内容，在当今社会已引起广泛的关注。加强对学生进行思想政治素质的教育，树立以人为本的德育新理念，使学生学会尊重人、理解人、温暖人，使学生追求自身完善，获得自身全面发展。另外，优良品质的培养是大学生素质教育的又一重要目标。科学文化的熏陶，可以使学生掌握一定的知识与技能，同时也能使学生不断地完善自己，为投身社会打下良好的基础。居里夫人、爱迪生、陈景润等都具有崇高的理想、百折不挠的意志、勤奋好学的精神，这些正是素质教育的重要内容。优秀的品质正是素质教育的最好内容。当代大学生应从学习和借鉴"名人"们的优良品质着手，结合自身实际，通过教育熏陶，使自己在品德、才能、健康等方面全面发展。

开放性教学的开展，有利于更好地实施素质教育。目前，我国正在逐步开展、实施开放性教学的措施。例如：课堂上老师提问，提的问题可以有多种解决方案，而非一种固定的、一成不变的模式，学生回答问题时可以充分发挥自己的想象力，只要所得结果能说服教师，就算过关；在考试中也融入了开放性的题目，学生可以从多角度、多侧面、创造性地回答问题，这些题目灵活度大，不再只是拘泥于一种回答方式，这样充分发挥了学生的创造力和想象力。开放性教学鼓励创新，有利于激发学生的创造力。如今，培养创新人才，挖掘学生创新潜能，是实施素质教育的重心。教师通过开放性教学，使学生富于想象力和创造力，比学生呆板地获取知识更重要。激发学生的学习潜能，发挥学生的创造力和想象力，已成为开放性教学的教学目标。

总之，时间的年轮已进入 21 世纪，我国要跨入世界强国、富国之林，就要对高校学生进行综合素质教育，使学生在德、智、体、美、劳等各方面都得到长足的发展，培养和锻炼创新型人才。素质教育在充分发挥每个教育者潜能的前提下，着重对人的思想品德、科学文化和身体、心理等技能进行培养和提高，实现以发展个性为目的的教育效果，推动整个教育事业和谐、健康、有序的发展。

二、高职院校大学生人文素质教育的意义

当代大学生的主流人生观、价值观是积极向上的，他们渴望成才并随时准备献身报效祖国，其危机感和使命感不断增强。但是我们也应该清楚地看到，部分大学生在社会各种消极因素的影响和冲击下，道德和观念上产生了错位与倾斜，这使得他们的思想也产生了变化。主要变化为：政治素质薄弱；思想道德心态逆转，理想追求淡化；心理素质不高，抗挫能力差；生活追求新潮，安逸享乐；只注重专业知识的学习，不注重综合能力的提升，分析与解决实际问题的能力不足。高等学校作为人才培养的摇篮，其基本职能是培养社会需要的人才，素质教育是高等学校教育的基础，是学校人才培养的重要组成部分。推进大学生素质教育是生存的需要，又是发展的需要；既是社会发展的客观需要，又是个人自我完善的主观需要；既是个人的需要，又是社会、国家以及整个人类持续发展的需要。所以说，推进大学生素质教育的动力是客观存在的，也是十分现实的。

素质教育是一种着眼于开发人的智慧潜能，以完善和全面提高人才的整体素质为重要内容和目的。素质教育是在人的先天生理基础上，经过后天教育和社会环境的影响，由知识内化而形成的相对稳定的心理品质。人的素质是指人们先天的自然性与后天的社会性的一系列基本特点与品质的有机综合。这个层面上所讲的素质，既包括先天的遗传素质，也包括后天形成和发展起来的身心素质；既指可以开发的人的身心潜能，又指社会文明成果在人的身心结构中的积淀和内化。人的素质实际上是以个体的先天禀赋为基础，在环境和教育的共同影响下发展起来的稳固的性质和特征。人的素质是先天禀赋和后天活动的"合金"。

由此可见，它是在教育和社会环境的影响下逐步形成和发展起来的。也就是说，素质是教化的结果，是可以培养、造就和提高的。素质是知识内化和升华的结果，单纯具有知识并不等于具备一定的素质，知识只是素质形成或提高的基础。没有知识作基础，素质的养成和提高便不具有必然性和目标性，但只具有丰富的知识并不等于具有较高的素质。素质是一种相对稳定的心理品质，由于它是知识积淀、内化的结晶，因而它具有理性的特征，同时它又是潜在的，是通过外在形态（人的言行）来体现的，因此，素质相对持久地影响和左右着人对待外界和自

身的态度。专家将人的素质概括为人对自然、对社会、对他人以及对自身的态度。当然，我们并不能因为素质的相对稳定性而断言素质一旦形成就是一成不变的，它是可以培养、造就和提高的，它又会在外界的影响和冲击下发生变化，有时可能是质的变化。从这一意义而言，人才的素质是稳定性和可变性的统一。

从素质的观念出发，构成人才的基本要素可以概括为知识、能力、素质；人才的素质又可分为思想道德素质、业务素质、文化素质、身心素质，其中思想道德素质是根本，是灵魂，而文化素质是基础。素质教育就是一种更加注重人才人文精神的养成和提高，重视人才人格的不断健全和完善的过程，也就是说更加重视学生学会"做人"的教育理念。著名的专家学者杨叔子经常告诉学生："你们到大学来干什么，三件事：第一，要学会如何做人；第二，要学会如何思维；第三，要学会掌握必要的知识与运用知识的能力。这三者不可分割、彼此支持、相互渗透，而学会做人是最基础的。"高等教育是培养专门人才的专业教育，在高等教育领域倡导素质教育的思想，而不是以素质教育取代专业教育，也不是将素质教育与专业教育对立起来。高等教育应是更加注重人才素质提高的专业教育。知识、能力、素质三者是素质教育中的三个要素，并且是相辅相成的。知识是素质形成和提高的基础，没有相应知识的武装，则不可能内化和升华为更高的心理品格。从素质教育的思想出发，高校在传授给学生知识时，除了专业的有关知识外，更应重视学生"为人""做人"所必备的知识，即相关的人文、社会、自然科学知识的传授。

因为能力是素质的一种外在表现，所以培养学生什么样的能力也是非常重要的，从全面提高学生的整体素质出发，更要注重培养学生的社会交往，以及与他人共处、共事、合作，即"做人"的能力。素质是更深层次的东西，加强或注重素质教育，就要更加注重渗透性教育，更加注重受教育者的体验和内化过程，更加注重实践包括社会实践。

从素质教育的思想来看，高质量的人才应是知识、能力、素质的高度和谐和完美统一。从人才培养的角度而言，传授知识、培养能力往往能解决如何做事的问题，而提高素质则更多地解决如何做人的问题，只有将做事与做人有机地结合起来，即既要使学生学会做事，又要使学生学会如何做人。在选择人生道路的问题上，有理想和现实、理想和人生、福和祸、苦和乐、荣和辱、生和死、善和恶、公和私等矛盾，还有教育和受教育者的矛盾、知和行的矛盾，成才意识和价值取向的矛盾等，因而大学时期是形成人生观、世界观、价值观的关键时期，迫切需要高校卓有成效地帮助大学生奠定无产阶级人生观、世界观、价值观的基础，这也是高校大学生素质教育的出发点和时代赋予高校的光荣职责。

利用课堂教学这块主阵地对大学生进行素质教育，最大限度地发挥育人的效益。教与学是课堂教学中最基本的一对双边活动，课堂教学过程是一个错综复杂的矛盾运动的系统工程，是一种有目的、有计划、有组织传播知识技能，培养思想品德，发挥智力和体力的活动，其任务是培养适应社会主义现代化建设的合格人才。课堂教育是素质教育的主渠道。教师的天职就是育人，育什么人，育"四有"（有理想、有道德、有文化、有纪律）、"四化"（革命化、年轻化、知识化、专业化）、"四美"（心灵美、语言美、行为美、环境美）的人。这三个"四"的第一条是有理想、革命化、心灵美，都突出了素质教育的首要地位。教师要有一种历史感和责任感，在科学知识的讲台、理想信仰的讲台、文明道德的讲台，给大学生点燃求索的明灯。努力教书育人、管理育人、服务育人，注意为人师表、以身作则、言传身教，将自己的思想、信仰、品格、情操、学识、心态、立场观点、精神境界、治学态度等出现在学生面前。教师要"学高为师，身正为范""教书者必先强己，育人者必先律己。"作为高校"两课"教师要努力做到：注意理论性和思想性。

从当代大学生的年龄来看，他们属于"小大人"，他们和中学生相比，有了一定的知识基础和思考判断能力，他们的思维特点属于"探索型"。他们的求知欲望强，对客观事物喜欢追根究底，并有自己的看法，甚至要加以评论。在部分大学生当中出现了信仰危机、道德滑坡、人生观多元化等现象，市场经济的趋利性也有一些有害效应，个人主义、利己主义、拜金主义、享乐主义等不可避免地对大学生产生了负面影响。恩格斯指出："一个民族要想站在科学的最高峰，就一刻也不能没有理论思维。"马克思指出："理论只要说服人，就能掌握群众；而理论只要彻底，就能说服人。"对一些实际问题，给予疏导，晓之以理，以理服人，引导大学生进行正确地思维、分析、鉴别，促使其透过现象看清本质，把感性认识上升为理性认识，透过现象看事物的本质。

综上所述，对高校大学生进行素质教育是当今社会的一个重要任务，它是一个系统的、复杂的社会工程。大学生素质教育关系到国家振新和民族的强盛，也关系到社会主义的总体进程。因此国家采取有效措施，积极推进当前大学生的素质教育，这对社会的总体发展具有不可估量的意义。

第四节　高职院校人文素质教育的基本原则

基于复杂性路径创新我国高职院校人文素质教育，使我国高职院校人文素质教育有望取得重大突破，从而真正迈入新的更高的发展阶段的必经之路和总体发展方向。依据前述的复杂性原理、教育教学的复杂性要求和高职生人文素质的复杂性本质来看，可以预见，这个领域的创新必将成为相关理论研究和实践探索的一片沃土。换句话说，这样的创新的具体切入点和可能的操作方式，必然并且应该是多种多样的或不拘一格的。然而，不管我们从哪个切入点进行这样的创新，无论采取什么样的操作方式实现这种发展，都必须首先改变至今还存在着的导致高职院校人文素质教育难以获得其应有地位的狭隘意识和观念，即只把人文素质教育看作高职院校教育的一个组成"部分"，或者将其仅仅看作对现有的高职院校教育内容的一种必要的"补充"等。如果人们对高职院校人文素质教育的性质和地位还停留在这样的认识水平上，就是从根本上对高职院校人文素质教育的简单化，就不能够也不可能把它当作一个复杂系统来看待。其实，人文素质教育乃高职院校教育之魂。今天我们提倡和强调人文素质教育的初衷和深刻用意，就是要从根本上恢复高职院校的人文精神。这是事关当前高职院校办学理念创新和教育改革的重大的战略性举措。只有具有这样的认识，唯有立足这样的战略性高度，才能够把高职院校人文素质教育当作一个人的体系，看作一个复杂性大系统，才能够意识到其内在的复杂性本质和要求，才能够为复杂性路径创新我国高职院校人文素质教育创设必备的前提，否则，其他的一切都将无从谈起。当然，在这个前提之下，就我国高职院校人文素质教育创新本身而言，要摆脱传统的简单性教育模式的束缚，构建符合高职院校人文素质教育复杂性之本质要求的创新体系，我们认为还至少应该明确两个层面的问题：一是我们如何去创新，二是我们应该着重在哪些方面进行突破。前者涉及构建这种复杂性教育创新体系，应该遵循哪些基本原则的问题等，后者则事关我们进行这样的具体创新的主要内容和重点抓手。本节我们先来讨论应遵循的基本原则。

高职院校人文素质教育体系或系统的复杂性，表现在许多方面，关涉到一系列众多的相关因素。例如，在教学所需知识的构成上就有显性知识和隐性知识之分；在具体施教主体的构成上既包括专任的也包括非专任的；在教育管理方面既需要刚性的要求与规制，又需要柔性的倡导与鼓励；在教育方式的创新拓展方面就应该统筹与整合多种教育资源，实现高职院校和社会联动实施高职院校人文素质教育；等。所以，我们认为，构建我国高职院校人文素质复杂性教育体系，必须秉持以下几个基本原则。

一、显性和隐性相结合的原则

所谓显隐结合的"显"指的是显性知识，而"隐"则指的是隐性知识。显性知识（Explicit Knowledge）就是指能用文字和数字表达出来的，容易以硬数据的形式交流和共享，并且可编辑整理成文档的、可编码的（Codified）、容易用文字形式记录、容易转移的知识。隐性知识（Tacit Knowledge）就是指高度个性而且难以格式化的知识，包括主观的理解和体验、直觉和预感等，它存在于人的头脑中，是一种不可编码的（Uncodified）、很难用文字的形式记录和难以转移的知识。与这两种知识相对应，高职院校人文素质教育课程一般也可分为显性课程与隐性课程。显性课程就是指由教师向学生传授显性知识的课程，即事先编排好的，有明确教育内容和操作规则与程序的，用于一般课堂教学的课程；而隐性课程当然是相对于显性课程而言的，它是学生通过各种情境体验或实践训练活动获取隐性知识的课程，它可能是学校教育情境中以间接的、内隐的方式呈现的所谓的"隐蔽"课程，也可能是除了课堂教学之外的其他任何形式的训练、体验和实践等。这是在学校或教师引导与帮助下的学生经过自我修炼养成的一种途径，这种课程能够加深学生对所学显性知识的理解和感悟，并对高职生人文素质的形成发挥着极其深刻的、潜移默化的作用。

所谓坚持显隐结合原则，就是要求在高职院校人文素质教育教学的实际过程中，兼顾这两种知识的教与学，使得二者能够相辅相成、融为一体，并最终转化为学生个体的丰满的知识结构和独特的认知模式。因此，这个原则主要是针对高职院校人文素质教育内容或教学课程体系的构造而言的。从实践操作上来看，它主要涉及的是高职院校人文素质教学过程中的显性知识和隐性知识与课程的具体配置问题。

首先，就传授显性知识的显性课程设置来看，由于历史文化和国情等不同，各国高职院校具体的施教科目和内容也会有所不同。例如，1978年，哈佛大学制订了通识教育课程方案，即著名的哈佛大学"核心课程模式"。这些核心课程共分为七类，包含文学和艺术、科学、社会分析、历史研究、道德推理、外国文化及数理推理，其中大部分是人文和社会科学课程。这些课程占学校教学时间的四分之一。这些课程与专业课程和选修课程一起，确保了学生具有深厚的人文素质。而我国大学相关的施教科目和内容，则通常包括文学、史学、哲学、美术、音乐和其他人文社会科学类课程与思想政治教育等。需要强调的是，其一，比这些具体科目和内容的筛选更为重要的是，在国外，人文素质教育并不是专业教育中的选修课程，而是除去主干课程和选修课程以外培养学生情感、智力和体能等综合素质的教育。这是大学人文素质教育显性课程设置必须秉持的核心理念。其二，所谓教学必须包含教与学两个方面。因此，除了课堂教学外，学校还应该筛选出一些配套性的经典书目供学生阅读学习。经典书籍的筛选要符合三个条件：一是经典，科学梳理出人类文明思想的精华；二是从浅入深，从一般走向个别，从而避免学生，特别是理工科学生，因经典的专业化而害怕困难；三是多样性，整合人文视野，调配出多口味的文化大餐。在经典书籍筛选出来后，还应该进行大力宣传和推广，而不只是在教务处网站下达文件或通知；还要有督促和检查，而不是放任自流；等。其三，创造条件增设一些文理交汇融合的综合课程，也是一种可贵的实践经验。如人文类选修课，针对不同专业、不同水平、不同爱好的学生开设不同的选修课；专业教学中，对某方面或学科有特殊兴趣的学生，应开设辅修和双学位课程；在各个学科的教学过程中融合人文素质教育，自觉地将人文素质教育和科学精神的培养贯穿于专业教育的始终，使学生能够在掌握专业知识的同时，提升自己的人文素养，做到自然科学和人文科学的融会贯通等，这些做法都是值得肯定和借鉴的。

其次，就获取隐性知识的隐性课程设置而言，隐性课程作为一种"隐蔽课"（也有人称之为"软课程"），可能涉及很多方面，甚至会表现在与高职院校教育教学活动相关联的任何一个层面。这里的关键是要在一些主要的层面注重融入隐性课程，以使其与相关的显性课程结合、融通，从而达到更好地培育高职生人文素质的目的。隐性课程作为学生课堂教学之外获取隐性知识，进行自我修炼养成的途径，则需要学校开发和提供相应的体验、训练、实践项目或平台。

先说"隐蔽课"。应该说课堂教育并不仅仅是 50 分钟之内的教育，而它需要课外的准备、消化和补充。我们可以把课程体系外的预习和练习等学生自主的学习实践活动看作课堂教育的前奏或末章。这些活动不占用正常的课堂学习时间，多以课题小组、实验学习、项目或专题研究等形式开展，对学生的参与程度、合作程度、研究能力等要求较高，因而能与课内教育有效结合，以满足学生个性发展、创造力培养、合作精神的养成等。比如美国的麻省理工学院，具有影响力和广泛性的活动包括：以培养学生表达能力为重点的本科生学术研讨会，以培养学生科研能力为重点的本科生研究项目、跨学科研究、学生大使等，以培养学生领导能力为主要内容的 IAP（独立活动期）和领导力实践。学生参加非正式课程的实践，有的可以获得学分，有的没有学分，但是鼓励学生积极参与，比如社团组织的活动或者很多学生自发组织的活动。这些丰富的课外活动，加上课程，构成了麻省理工的通识教育大环境，而这种大环境就是一种对麻省理工学生具有重要价值的、无形的"隐蔽课"。如果从更细微角度来说，课堂教学过程中教师所表现出来的人文立场、科学态度、责任意识和处理问题的方法等，也都是这种课程的组成部分，它们无不在潜移默化中对大学生发挥着极其重要的、有时甚至是关键的影响。我们必须高度重视这种影响在高职生人文素质的复杂性形成过程中的地位和作用，这也许正是"隐蔽课"的价值所在。

最后，再说课堂之外的训练、体验和实践。这方面可开发的项目、可采用的具体方式方法等几乎不胜枚举。对高职院校人文素质教育来说，它不仅具有十分重要的价值和不可或缺的地位，而且比课堂教学自由度更大，可做的文章更多。正如我们前面所说，它虽然是当前我国大学人文素质教育比较弱的一个层面，但又是大家已经认识到它的重要性和正在积极努力开拓的一个领域。近些年来已经见到的这些努力，不但其具体做法值得借鉴，其发展方向也是值得肯定的。例如，积极改进和创新人文素质教育平台、载体和形式等，特别是重视大学生人文素质的网络教育，利用现代网络技术，可以搭建人文素质教育的网络平台和教育资源库，开设特色人文知识栏目，开展历史文化图片展等，以进一步增强人文素质教育的人文性、趣味性、互动性、灵活性和可接受性与实效性；深入开展诸如参观访问、社会调查、社会服务、社会公益劳动、专业生产实践等多种形式的社会实践活动，让学生体验不同的社会角色，实现人的"社会化"，可以增进与社会的互动和联系，增强学生的积极主动性，磨炼学生坚强的意志，塑造良好的品质，形成正确的人生观、价值观；等。这类形式（包括有待继续开发的此类项目和活动）下的隐性人文知识的获取，贵在持续、充分和有效，决不能搞临时性的、表面上的"花架子"。这可能比课堂教学需要学校更多的经费和条件支持，更需要校方的决心和坚定的意志。

总之，就我国目前情况来看，显隐结合的短板是隐性方面。采取更多的方式方法，强化高职生对隐性知识的获取和养成，特别是强化传统课堂外的学生专门训练、自我体验和实践锻炼等，是我国高职院校人文素质教育必须着重努力的方向。

二、内外相结合的原则

内外结合原则中的"内"，即学校自己，包括学校及其所属的部门单位和教职工等高职院校人文素质教育主体和他们所开展的相关教育活动。内外结合原则中的"外"，则指的是学校之外的各种社会主体和与高职院校人文素质教育相关联的各种力量，包括政府、企事业单位、社会团体以及网络、媒体等一切对高职院校人文素质教育能够发挥作用或产生一定影响者。所谓坚持内外结合原则，就是要采取走出去、引进来和联盟互动等形式，把学校自身的教育资源和社会上可利用的资源结合起来，让学校力量和社会力量联动起来，形成多种力量集成化的系统优势，促进高职院校人文素质教育深入健康发展。毫无疑问，高职生的人文素质教育虽然以高校为主，但并非是高校单方面能够完成或做好的事情。其一，我们既无法割断学生与校外各种影响因素之间的联系，也不能指望学校在这方面能够形成某种与世隔绝的对学生人文素质养成过程的控制能力。更何况就连学校和学校教育本身也深深地受到环境的制约和影响。其二，高职院校人文素质教育不只是单纯的知识传授过程，更涉及实训、实践等多种形式的教育活动。满足这些要求需要许多真实的平台、现实条件和社会生活环境等。也就是说，单靠高校的资源和力量是无法适应和满足高职院校人文素质教育这些需求的。高校必须和社会联动，才能够满足这样的需求，从而确保高职院校人文素质教育体系的完整性。其三，近些年来，各种各样的产学研合作或者政校企联动等方式，已经被实践证明不仅是可行的，而且能够显著提升进行高职院校人文素质教育的效果。可见，这个原则主要是针对高职院校人文素质教育方式的创新拓展而言的。具体说来，这里涉及的正是上述走出去、引进来和联盟互动三个方面的问题。

首先，是走出去。开门办学，让学生走出课堂，走出校门，到社会上、到生活实践中去观察、学习、锻炼、体验和感悟，这是高职教育，特别是人文素质教育等素质类教育不可或缺的、极其重要的教育环节与方式。毋庸讳言，较长时期以来，我国高职院校在这方面的投入严重不足，甚至大不如前。相应的在这方面的具体实践形式上乏善可陈，没有多少建树。高职院校人文素质教育不仅局限在校园内，更局限在传统的课堂内。这种局面在应付显性知识传授时还勉强可以，但在高职院校人文素质教育方面就不但显得单调乏力，而且会产生多种问题。努力改变这种局面，适应高职院校人文素质教育的复杂性本质要求，在课堂教学之外，充分利用社会教育资源，拓展丰富多彩的实践教育环节等，正是当前我国高职院校人文素质教育创新发展的努力方向。近年来，许多高校开展的暑期大规模的学生社会实践、专业实习、校企合作办学等，在这方面已经有了一定的贡献和进展。但这还远远不够，必须结合人文素质教育创新，拓展更多的更有效的走出去的教育形式。例如，参观考察、专题调研、典型人物探访交流、在岗训练、社会联谊、社区服务体会等，通过这些考察、调研、实训等，让学生在应用知识、感悟人生、积累经验中获得自身人文素质的整体提升。

其次，就是引进来。引进来是高职院校开放办学的另一个侧面，其实质就是把更多的社会资源引进到高职院校中，一方面弥补高职院校自身力量的不足，另一方面开拓和创新高职院校教学新平台和新模式，以提升高职院校人文素质教育的质量。和走出去相比，我国高职院校在引进来这方面做得更加不够。现代高职院校早已不是过去所谓的"象牙塔"，高职生人文素质的养成，绝不可能在封闭的"温室"内完成。有效引进社会教育资源，使它们深入参与和融合到高职院校教育进程中来，这必然是当代高职院校构成结构上的重大变革和新常态。因此，除了现在的一些初步的做法之外，还可以增加其他的方法，如邀请知名人士、企业家等进校作报告、搞讲座等，更要将企业研发、实验等机构建在大学中，特邀先进典型人物担任客座教授和兼职教师和社会力量合作办学（如订单班等）等深度融合方面下大力气。

最后，就是联盟互动。所谓联盟互动就是在上述走出去和引进来"两条腿走路"的基础上，真正打通高校与社会力量之间的通道，构筑共同的高职生人文素质教育项目与平台，使二者在高职生人文素质教育方面不仅仅停留在两个独立主体之间的某种合作关系层面，而是真正成为合力办学，协同教书育人共有平台的共同主体或混合主体。当然，联盟的具体形式可依据实际情况丰富多样地创办，但它与走出去和引进来实质性的区别，就在于它是一种全新的合力教育模式。这种模式不但可以克服独立的大学教育或社会实践的片面性弊端——事实上高职生人文素质教育原本就是这些主体无法独立完成的教育任务，而且由于把知识传授和实践磨炼合为一体，便真正应和了高职生人文素质养成的复杂性本质。在对高职生进行相关知识的课堂教学和以走出去与引进来为补充的传统的学校教育之后，插入联盟平台教育与磨炼，必将有效提升高职生人文素质教育的效果与质量。

三、专门性教育与渗透性教育相结合的原则

专兼结合中的"专"是指学校专任人文教师所进行的相对独立的专门性的人文素质教育。它的基本特点就是，教师是专任的、所教内容是专门的、教学活动是专设的。而专兼结合中的"兼"则是指"专"之外的其他教职员工于各种不同教育环节上所进行的人文素质教育。其中主要包括高职院校各专业教育教学过程中渗透的"教书育人"活动，以及学校其他教职员工在各自岗位上所施行的"管理育人、服务育人"等措施。所谓坚持专兼结合的原则，就是要求我们摒弃单纯

的工具理性教育理念，恢复高职院校的人文精神，营造高职院校整体性的育人环境与氛围，全面实现高职院校的育人价值与功能。不仅要开展专门性的人文素质教育活动，更要将人文素质教育作为整个高职院校教育的灵魂，贯彻到所有的教育环节和高职院校教育教学工作的各个层面。换句话说，提出这个原则的主要用意就是，要我们废除目前许多高校事实上奉行的仅仅依靠专任教师所进行的专门内容的人文素质教育来解决高职院校人文素质教育问题的片面性做法，动员所有教职员工都积极履行自己作为人文素质教育主体的职责，注重发挥不同层面和各个教育环节的作用，将人文素质教育作为高职院校整体性战略来推进。因此，这个原则主要是针对高职院校人文素质教育主体和功能性环节的确认与设置而言的。具体说来，这种整体性战略的推进涉及专任教师进行的专门内容的人文素质教育、专业教师结合专业进行的教书育人和其他员工所进行的管理与服务育人三个主要的层面。

毫无疑问，在这种整体性战略的推进过程中，专任教师进行的专门内容的人文素质教育仍然是主渠道并居于核心地位。而做好这个主渠道的人文素质教育的关键在于教师，在于教师本身的人文素质和其对学生施教方式方法的有效性。韩愈说，师者，所以传道授业解惑也。作为"人类灵魂的工程师"，其人文素质的高低直接影响着受教育者的人文素质水平高低。再者，在学校中，与学生有最多接触的便是教师，他们的言谈举止等都会对学生发生潜移默化的作用。没有高素质的教师，难以培养出高素质的人才。因此，加强高校人文素质教育中的专职教师队伍建设，对于搞好高校人文素质教育至关重要。这样说不只是基于一般的道理而言，更是针对目前我国高职院校人文素质教育专任教师的现状而言。毋庸讳言，我国高职院校人文素质教育专任教师自身的人文素质有待进一步提高。有关方面和学校应该对专门从事人文素质教育的教师，建立长期培养方案和进修制度，拓展其知识面，完善其专业修养。比如，可以采取全日制学习、学位学习、名师指导、社会调查、国内外学术交流等措施，加强人文学科教师的培养，形成多渠道、多层次的培养模式。通过走出去进修和其他形式的继续教育，可以不断提高人文学科教师的素质。

专业教师结合专业进行教书育人，在高职院校人文素质教育中具有不可或缺的独特功能。这既可以确保和强化上述专门性人文素质教育的必要性和有用性，又可以克服专业教育和人文素质教育两种现象，将两者真正融合起来，实现人文素质教育的具体化和特色化。这一点国外所谓的 STS 教育是值得我们借鉴的，它所突出和强化的正是对专业本身的社会意义和人文价值的挖掘，并以此来教育学生树立科技为社会、为人发展服务的理念等。在我国，某种程度上人们也注意到这个问题。例如，常常会有人批评说，专任人文教师知识结构单一，缺乏对自然科学、专业知识的了解等，于是，便提出人文教师应该掌握一些自然科学知识，应该了解学生所学专业等，以便能够将两者结合起来。如果能做到这一点，当然是有意义的。但在我们看来，对人文教师提出这样的要求，还不如要求专业教师结合专业开展 STS 教育更现实，效果更佳。

如果专业教师这样做以后，再加上其他教职员工结合自己的工作进行管理育人、服务育人等各方面的努力，就会形成全面性的良好的高职院校人文素质教育氛围与环境，从而使高职生接受来自方方面面的人文素质教育，时刻感受和体悟高职院校的人文精神和做人做事的真谛，养成良好的人文素养，做一个具有良好人文素质的全面发展的合格高职生。

四、软环境与硬约束相结合的原则

软硬结合的"软"，主要是指高职生人文素质教育中的软环境的构建和那些灵活性的柔性要求等；而软硬结合中的"硬"，则指的就是相关的硬条件、硬约束和刚性规制等。所谓坚持软硬结合原则，就是要把适宜的软环境的构建和硬条件的提供结合起来，把基于高职生自主学习的灵活性要求和来自校方或老师等外在的硬性约束结合起来，在柔性要求和刚性规制的融合与平衡中，构建高职生人文素质教育的生态系统。因此，这个原则主要是针对高职院校人文素质教育育人环境的营造和相关管理机制制度的构建而言的。具体说来，这至少涉及以下两个极具实践操作性的问题或层面。

首先就是校园文化问题。高职院校校园的育人功能，特别是高职院校校园所承载的校园文化对高职生人文素质教育所具有的独特功能，越来越受到人们的重视。这不仅因为校园文化既包括物质文化、制度文化、行为文化，也包括深层次的精神文化，它本身就是"软硬结合的有机统一体"，是我们推行和实施高职人文素质教育软硬结合原则的最重要和最适当的平台或载体；更因为校园文化不同于企业文化。企业文化本质上是一种利益共同体文化，而校园文化则是一种价值共同体文化。校园文化的这种价值性本质及其所内含的具体价值取向，正是其具有不可或缺的人文素质教育功能的关键所在。因此，如何把校园文化建设中的"软"和"硬"很好地结合起来，充分发挥和体现高职院校校园文化对高职生人文素质的教育功能，就是坚持软硬结合原则必须做好的具体实践工作。

一是要注重作为校园文化之魂的人文精神的塑造，要将其注入校园文化的方方面面，用人文精神统领校园文化的建设，使整个校园环境处处都充满着人文气息；二是要注重个性特色的营造，要让校园中的每一处乃至整个校园都具有自己独特的人文意义和教育价值。从具体操作的角度来看，有学者结合自己的工作实践提出的建议就是值得肯定的、积极的探索。

第一，我们可以借鉴国内外名校的建校经验，对校园的建筑特色、环境绿化、园林设计、各种小物件的增加与摆放等作出科学、长期的综合规划，让身处其中的教师、学子及外来参观者能够感受到浓厚的人文气氛。在景观设计上注重内外空间的联系，通过相邻建筑之间的走廊、活动露台、休闲书吧等，巧妙地达到亲近自然、亲近他人的效果。

第二，从细节做起，对于任何可以增加人文气息的细节都不放过。例如，对建筑物或者道路的名字不再简单地以数字或者人名命名，而是采用具有浓厚人文气息的名字。对于已经简单命名的建筑物，可以在校内开展建筑物命名征集活动，让师生在参与的过程中感受人文知识，拓展人文思维。要合理安排校园内雕塑、景石、园林小品、休息点、名人警句等要素的布局，充分体现学校对广大学生的人文关怀，使校园内一屋一墙、一草一木成为学校育人的重要载体。用学者的话来说，"要让大学的每一堵墙都说话"。身处这样的环境，在不断的熏陶中，学生潜移默化地受到影响，思维得到引导，活动得到激发，创造力也在不知不觉中得到培养。

第三，积极开展绿化美化工作，适时播放经典音乐，营造诗意校园。舒畅、高雅、优美的高校物质环境可以启发、开阔学生的思维，激发创造力。多建造一些可以供学生休息、读书、集体讨论的绿地或者长亭，让学生在曲径通幽的校园环境中感受到灵动与优雅，渐渐地感受到更多的人文气息。此外，可以在校园内适时地播放一些经典音乐，学生行走在音乐环绕的校园环境中，自然会身心愉悦、心境开阔，许多美好的情愫也会油然而生。

其次就是管理和评价问题。管理和评价，既是高职院校人文素质教育体系的重要组成部分，又是保障、控制和导引其朝期望方向发展的两个关键性环节。完成这两个方面的软硬结合，能够极大地促进大学人文素质教育的健康发展。

管理方面的软硬结合，重点是要把柔性的积极倡导和刚性的制度建设有机结合起来。依据我国的现实情况来看，两者结合的重点应该放在刚性制度的构建上，以便促使人文素质教育理念深入实践，很好地实施。目前我国有一些高校就在积极动员和提倡各相关主体注重人文素质教育的同时，又构建了一些刚性制度，达到了较好的效果。例如，我们收集到的这个案例，就是值得借鉴的：某高校为了解决"口号喊得响，实际不重视"和"人文素质教育管理主体重置混乱"等问题，成立了人文素质教育工程领导小组，并且将"人文素质教育工程"纳入教学管理，对于课程、课时、学分、教材、教学计划、教师等安排，由人文学院提出初步意见，经教务处审查，最后由学校人文素质教育领导小组审定；尽量将人文素质教育的活动渗透到专业教育之中，鼓励教师创造性地开展工作；纳入正常教学计划的课时津贴，给予同等的教师待遇。将"人文素质教育工程"纳入经费预算，确保实施人文素质教育经费落实；在学校往年已按一定标准拨给教务处、人文学院、校团委及学生处等专项经费不变的前提下，学校再划拨出人文素质教育专项经费。同时学校按一定标准拨给各学院，并要求各学院按同等标准从各学院自有资金中拨给各学院人文小组专项使用。对于临时性人文素质教育活动项目，经审批后予以资助。将"人文工程"纳入评价奖惩管理，一是学校专门制定人文素质教育评价办法和相应奖惩办法，对学院实施高职生人文素质教育的情况进行客观评价，并按相应奖惩办法兑现；二是人文素质教育实行评价结果与相关单位部门的评比先进挂钩；三是人文素质教育评价实行评价结果与单位部门党政主要领导、分管领导和直接人员的工作考核、评优、职称晋升、工资晋升等挂钩，人文素质教育单项活动完成不错的，单项可以申报创新奖，审查确认给予奖励；四是应将学生参与人文素质教育活动的情况作为纳入档案管理的重要评估材料，并将其纳入学生的第一评价、优秀评价和奖学金评价的内容，作为学生综合评价的重要评价条件。

评价方面的软硬结合，与上述管理方面的软硬结合重在硬的方面下功夫不同，同样是依据我国的现实情况来看，重点应该放在柔性的倡导和引领方面。目前，我国许多高校在人文素质教育的评价问题上，仍然沿用传统方法，注重学生所学课程或知识的测验考试，看重分数，将学生考试分数等同于教学效果。这不但是一种严重的有着恶劣影响的误解，而且更不适合评价人文素质教育。人文素质教育不同于一般的知识和技能教育，它重在育，不重在教，重在自我修炼和长期养成。因此，有些方面和内容根本就不能去考评测试，因为它们正在养成中，测不到也测不准，或者还未到能够作出评价的时候。有些则是你根本就不用测，不用考，也不用评，只要做了就好。例如，看了哪些书籍，听了哪些报告，有了怎样的体会和感悟等。因为在素质问题上，历史的积淀都是财富，甚至不考虑它是经验还是教训。关键是学校和教师要给学生提供这些条件，积极倡导和引领学生自主学习与修炼即可。这正是我们目前最缺乏的。除了要弥补这种缺陷，强化高职院校人文素质教育评价方面的柔性倡导和引领一面以外，即使是在诸如课程考试、知识测验等硬性方面，也要克服过分技术化的倾向，以增强其灵活性的柔性的一面。以下具体做法正是不少高校目前在这方面所做的一些积极努力：第一，教师通过网络问卷调查的形式对学生人文素质教学课程做出有价值的评价，教师吸收有用的反馈，对教学内容进行及时修改。第二，从学生的实际出发，不仅要注重学生理论知识的学习，更要以实际成绩为标准，注重学生的实践能力，进行知识与实践相结合的考试形式。为此，我们可以对考试成绩进行评估，加重平时成绩的重压，使考试重在平时，重在积累。这种评价方式可以促使学生在学习过程中注重内化质量与外化行为的统一，培养学生较强的实践能力。第三，采取网上考试、小组合作答疑、社会实践报告等多种形式，从定性和定量、动态和静态的角度，真实反映高职学生人文素质的现状。第四，在考核内容上，既要注重人文知识的考核，又要注重人文精神的考核和学生运用实践性知识的能力，如提高团结协作能力、处理人际关系、抵御压力等。第五，坚持方向性原则，紧紧围绕党的路线、方针、政策方向，开展人文素质教育评价，建立知行合一的评价体系。

第三章　高职学生的人文素质教育现状和对策

目前，高职学生人文素质教育面临的大环境是高等教育的大众化。而在高等教育日益大众化的当下，至关重要的一环是高职学生人文素质教育的加强工作。它也是发展中国高等教育事业过程中的基础性需求。在国内大力开展人文素质教育与国内高职教育事业发展要求的方向是完全一致的，在大力提高当前高职学生综合素质的过程中，最为迫切的是要推动人文素质教育。依照党中央所制定的教育方针，国内众多的高职院校主要是为了培养出德、智、体、美、劳全方位发展的综合性人才。

只是随着时间推移，受应试教育指引的影响，学生在中学阶段的综合素质没有得到应有的重视、开发和培养。我国高职教育的深化改革之所以可以取得成功，关键在于不断推动人文素质教育。同时，对于高职学生人文素质教育推广加强的过程也是对高校教育思想和人才培养模式所进行的一次关键性的探索，这可以从最根本的层面深入国内的高职教育，从教育思想，再到教育观念，最后再到人才培养模式。同时这也是把当代高职学生人文素质培养作为切入点，也是新时代进行大学生德育工作的核心内容，使得高职学生的生活品位逐步得到提高，内在的思想境界也一步步得到提高。

第一节　职业教育中的内涵及定位

素质教育是我国教育的改革方向，是以提高全民族素质的教育为宗旨，是以全面提高学生的基本素质为根本目的，以注重开发受教育者的潜能，促进受教育者德智体诸方面生动活泼地发展为基本特征的教育。所谓人文素质，指的是人所具有的理性觉悟、理性叙述和实践性规范。主要包含在学习基础上理解人文学科，在生活中为人处世的现实规范，追求内在精神和价值的理论升华。因此，对学生进行人文素质教育是素质教育的内在要求，对高职院校来说，加强学生人文素质教育具有重大的现实意义。

一、职业教育的内涵及定位

若是从职业教育的内涵和社会分工定位作为初始的角度，那么在发展过程中，起到重要作用的是人文素质教育。针对素质教育而言，其内部的职业基础教育应当与专业岗位共同往前发展。其核心宗旨是为了培养出具备强能力、宽基础、一专多能型的综合性学生。何谓职业教育呢？若从广义的视角来看，可以这样来定义："在进行普通的学校教育以外还尝试学习一些与科技相关的科学，来获取与经济和社会生活领域相关的较为实用的技能、态度、理解与知识的整个教育的过程"，主要内容包含三个方面：第一，职业生活教育是进行普通教育必不可少的组成部分；第二，作为职业准备教育，是预备在某个职业领域开展职业的一种教育；第三，职业进修教育是开展继续教育过程中的其中一个环节。而职业教育本身有着特殊性和独特内涵，看重的是职业教育发展与市场经济发展和整个就业市场的契合程度，尽力使劳动力市场的各种需求和要求得到满足。因此，当下的职业教育已不单单是一种传统意义上的职业训练，也并非有关专业技能的学习，更不是一种针对专业岗位所进行的教育，而更为看中的是职业素养和职业能力的培养。正因为如此，在当前这个社会大环境下，人文素质教育所发挥的作用才开始慢慢凸显。

二、人文素质教育在职业教育中的现状

把能力作为根本的现实主义在过去的一个世纪内一直占据着主导地位，长年累月，使得职业教育蒙上了浓重的功利色彩，于是职教人才的一个重要特点就是实用性。这种把职业教育作为核心的观念，使得职业教育在早期就向着功利化方面发展，却容易忽略教育的核心目的——教育人。因为深受传统层面上职业观和人才观的熏陶，使得职业教育始终无法凌驾于现实的功利性之上，其内在所看重

的职业和技能完全摒弃了精神层面的陶冶，使得它与人文精神之间的距离渐行渐远，使起初旨在教育培养人的目的也被时代的浪潮淹没。职业教育过程中的各种问题也纷沓而至。比如，实践能力得不到有效提高，就业后在社会责任感、工作态度和团结协作精神方面的缺乏，没有很突出的创作能力和拓展能力，与此同时，还无法很好地适应职业岗位和整个社会环境。

从最开始的时候，职业教育就被定位为一种有关"人力"的教育，而并不是人们所认为的"人"的教育，正是由于在技术理性和现代科学世界观的共同影响下，人们根本没有过多的力量去寻求职业范畴以外的教育目的，也就忽略了对于教育目的更多的追求，人文文化也渐渐淡出人们的视野，由于对于学生人文素质的培养缺乏足够的重视，致使在对学生进行职业教育培养的过程中缺少人文文化作为基础，使得人文精神无法发挥其引领性作用。越来越多的失范现象在职业教育过程中出现：对于科学文化知识缺少全方位、正确的认识、理解和掌握，也就无法为学生塑造一个健康、正确的价值观和世界观，致使学生内心无法形成强烈的社会责任感和道德感。

职业教育中所采用的"器械教育"直接把学生带到了一个全然物化的环境中，盲目追求个人的独立进步与发展，这样就很容易忽视最基础的人文教育。一旦把得以生存发展的关系基础抛诸脑后，那么对于学生职业素质和职业能力的培养和提高也就无从谈起。教学过程中缺少人文素质的培养现象，不仅与自身的身心发展规律相违背，而且还与教育发展的规律不相符。

三、职业教育中人文素质教育的重要性

作为职业教育，既要顺应职业教育整体的发展趋势，又要结合目前职业教育发展的整体现状，对于职业教育的培养目标、教学理念和办学方向要给予准确的定位。职业教育的发展策略是：采用的是把劳动力转移作为核心目标的正式劳动就业之前的预备教育，使得学生不仅学习和掌握了相应的生产技术与技能，赢得了相应的就业资格，而且还使他们的就业技能和机会大幅度提升。与此同时，还要适应当前职业教育的超前发展，使得学生的升学预备教育和就业预备教育的需求都能得到满足。

（一）职业教育的发展趋势和市场定位

从职业教育的市场定位和未来发展趋势为出发点来看，职业教育不但要满足个人和社会教育的需要，同时也要满足个体发展的需要，而这些需要唯有以人文素质教育为前提才能使其得以满足。作为职业教育，最本质的定义为："使无业者有业，使有业者乐业。"随着社会的不断发展，处于极速调整中的经济结构和不断变化中的劳动力市场都在短期内呈现出一定的周期性，使得职业教育的功能和内涵都得到深入的拓展。从最开始的单单只为了使就业和谋职得到满足，一步步发展到个人的职业发展和职业生涯得到满足；从起初的寻找工作、谋求职位一步步发展为创业之前的准备教育。作为就读于职业学校的学生，在社会经济未来发展的浪潮中正渐渐成为连接农村和城市经济贸易的重要桥梁，为农村和城市的经济发展实现互补和交融发挥着关键性作用。正因为如此，就需要职业教育在发展过程中不断加强创业准备教育。

带领学生尝试从理性的视角来开展自我的认知，使学生慢慢地学会依照已经存在的社会环境和社会资源进行生存选择，寻找其中的商机，还包括针对创业项目是否可行而开展的研究和调查，同时还要对创业的成功与否及所取得的成绩给出对应的评价和及时地处理创业过程中凸显出的各类问题。以上所说的种种，都要求学生要具备一定人文知识，对于人文思想有一定的理解，理解并掌握着人文方法，遵循并学习人文精神的能力。

（二）促进学生精神世界的培养

在鉴赏文学作品的过程中，时常需要作者和读者在情感层面实现一种默契。只不过现如今的大学生有着比较单一的社会实践和颇为简单的生活空间，因此生活中一旦碰到迷茫无助的时候就渴望得到相应的宣泄，以得到理解。在这个过程中，参与其中的教育者可以借助人文素质教育来带动学生在精神上获得共鸣，通过科学的方式帮助大学生完成对于内心情感发泄方式所开展的探索活动，使得大学生的内在精神世界有着很好的提升。

与此同时，学生们的情感世界也在各种经典文学中得到强有力的促进作用，这些有助于学生更好地获取情感的宣泄、更好地表达自己的内在情感，在学生的身心健康发展过程中发挥着重要的作用。身处青春期的大学生个性都比较鲜明，往往有着复杂的情感，因此，为了更好地对学生进行引导，有必要借助于人文教育学科上的各种优势，一步步引导学生养成更加正确、积极的感情观，进而为构建更为科学的人生观和价值观奠定扎实的基础。

（三）促进学生文学修养的提升

以众多的教学实践来看，鉴赏文学作品可以极大地提升个人的文学修养。目前，作为大学教育基础课程之人文教育，对于培养学生的文化品格和文学修养极为重视。学生是进行人文素养教育的教学主体，在具体的教育过程中，要通过切实有效的方式引导学生构建起积极向上的思想，把学生的综合全面发展看作重点，针对学生的人文素质教育给予重点关注。带领学生鉴赏诗词歌赋的时候，教师可尝试引导学生通过诗词来表达个人的心态和思想，从而使学生在品味文学作品的过程中引发更多的共鸣、调动学生们学习的兴趣，这些有助于学生个人素质和文学修养的提升。

（四）发展职业教育成为终身职业教育

作为终身教育未来的发展，为了使学生的职业素质和综合能力得以系统、全面的培养，加强对学生人文素质的教育就变得更为迫切。所谓的职业教育，主要包含个人对于职业教育的认知、技能和情感，重点在于培养职业素质和发展职业技能。职业教育发展的核心已经慢慢转移到培养学生持续学习的能力和进行专项终身职业教育方面。而对于现代职业教育来说，已经开始从"能力为本位"慢慢转向"人格为本位"，从起初针对传统职业技能所开展的各项培养一步步转向了培养基础学历和"人格力量"。当下这个时间段，职业教育不单单要求学生具备工作相关的技能，还要有极为广阔的眼光和视野；不单单要学会如何做事，还要学习如何做人；在工作的过程中不单单要爱岗敬业，还要具备健康的心理和良好的人格；不单单要具备现代人特有的环保意识，还要体现出一定的人文关怀。

因此，职业教育的发展方向应当是终身学习和终身教育，而学会认知、学会做事、学会一起生活和学会生存是建立根基的基础所在，大力培养学生们持续学习的能力，并要尝试把学校所学的知识、技能，还有共同生活的知识和生存知识，与为以后生活所做的准备和对于未来现实生活的适应融合到一起，方可培养出满足社会各种需求的技术人才，唯有通过人文素质教育才能从本质上源源不断地为职业教育提供旺盛的生命力。

四、人文素质教育在职业教育中的应用对策

（一）提升教师的人文精神修养

在人文教育开展的过程中，由教师来参与最基础的教导工作。因此，在学生开展素质教育之前，应该先让所有人文社科类教师的内在精神和个人修养得到提升。在职业院校里面，通过人文课堂来带动人文素质教育的长足发展，单从某个视角来看，充分彰显了自身的魅力和气质。在人文类课程当中，主要的部分就是文学鉴赏，通过运用这种方式来培养学生的文学素养和文学内涵，对于学生来说，教师就是他们最好的榜样。因此，针对教师文学素养和文学底蕴的持续加强，是国内进行人文教育过程中提升学生素质的重要前提。

目前，高校开展人文教学过程中产生的问题很多，与阅读传统的名著和优秀文本相比，学生更喜欢看各样的网络小说。在众多的网络小说里面，大多数都是言情、武侠和玄幻主题，虽然这些小说里面也有一些优秀的、值得去看的作品，但针对大学生来说，总体上这些网络文学对于培养和提升大学生文学修养是不利的。在整个培养过程中，教师应当树立起一个学生们效仿的榜样和范例，在学生中间大力开展阅读文学作品的活动。借助于阅读经典名著培养学生文学底蕴，以此来全面提升学生的文学鉴赏能力。

（二）坚持以人为本的教学原则与方式

在高校开展人文教学的过程中，对于人文素质教育的培养一定要落到实处，对于参与一线教学工作的教师来说，一定要坚持以人为本的教学理念。在具体的教学实践过程中，促进师生之间的互动性和平等性的前提是构建教师和学生之间良好的教学关系。教师应当借助于这种关系积极引导学生，对于学生的学习方向给予足够的重视，对于个体的个性发展给予充分的尊重，通过更为平稳的方式与学生进行交流和沟通。

大学教育，最为显著的特征就是不需要再受到应试教育的制约和管制，使得学生学习过程中的压力得到了极大的缓解，正是在这样的环境下，对于学生自身

的气质和专业技能，教师要有针对性地培养。因此，身为教授人文类学科的教师，更应当坚定持守"以人为本"的教育理念，使得学生的学习效率和人文素质水平得以全方位提升。除此以外，还需要针对教学方式做一些必要性转变，尽可能使用多媒体设备，为学生呈现出多样化的文学形式，从而为学生培养人文素质教育，实现个人的全面发展，打下很好的基础。

（三）人文素质教育和高校语文课本有效结合

大学语文的课本中往往包含着众多来自古今中外颇为经典的作品，因此在具体实践教学过程中，教师特别需要对高校的语文教科书加以充分利用，从而使高校人文素质教育的作用得以全方位发挥。由于只是课堂时间和课本知识的限定，因而教师在进行语文课堂教学的时候，需要补充一些与此相关的知识要点，并针对学生阅读给出一些合理化、有效性建议，通过使用该方法使得大学生的文学鉴赏领域得以拓展，同时还要引导学生多多利用课余时间阅读世界名著。通过文学作品的阅读和分析，使学生的情感观念不断得以丰富，进而在人文素质的培养中发挥指导性作用。

人类社会不断发展的过程，也是一个不断追寻真、善、美的过程。所以，人文素质教育工作的开展也是高校教育进程中的一个极为重要的部分。尤其是在这个经济文化日益全球化的当下，人们每天的生活方式和学习方式都有着巨大变化，在大学校园内部进行人文素质教育的培养就变成一项至关重要的工作。

第二节　高职院校加强学生人文素质教育的必要性

在大力推进素质教育的今天，对大学生的人文素质教育也日益引起人们的关注与思考，这对于中国高等教育而言，既充满了严肃的理性思辨，也具有重大的实践意义。大学生作为实施素质教育的特殊群体，其人文素质的培养更应引起高度关注和重视。

一、全面理解人文素质教育的丰富内涵

（一）人文素质教育的概念界定

人文，是指与人类社会有直接关系的文化，一般把文学、历史、哲学和艺术等统称为人文学科。人文素质，是指人所具有的文、史、哲和艺术等人文学科的知识以及由这些知识系统反映出来的精神在心理上的综合体现。人文素质包括人文知识修养和人文精神两个方面。人文知识修养，是指通过学习获得的比较系统的文、史、哲等人文学科和艺术的知识；人文精神，是指通过各种人文学科知识的吸收而形成的价值观、道德、气节和思维方式。人文素质教育，是以人类优秀文化成果为内容，以提高教育对象内在气质，培养其健全人格，塑造其美好人性为宗旨的教育，是一种需要外在启迪、陶冶和内在省悟、修养的复杂而有机的教育活动。

（二）人文精神与科学精神的关系

人文学科是守护精神家园的学科，它赋予我们的行为的意义，用价值赋予社会经济发展以精神动力，是我们这个时代"最深刻的需要"（斯坦福大学校长查理·莱曼语）。这种"最深刻的需要"表现为：在市场逻辑起支配作用和科学技术具有巨大张力的时代，一个社会或一个人都会因缺少人文关怀而缺少品味和失去自我，甚至会野蛮和疯狂，而人文学科能赋予社会、世界以方向、目的和意义。在我们的社会中，如果缺少人文的调适力量是不可能实现以人为中心的可持续发展的。人文科学有着久远的历史，在人文科学中包含着"世界上最高的思想和语言"，轻视人文科学就等于轻视人类积累起来的伟大知识遗产。自然科学把握世界的认识方式是科学理性、工具理性和分析理性；人文科学把握世界的认识方式是理解，是审美式理性。如果说自然科学认识活动追求的是"求真"和"合规律性"的话，那么人文科学的认识活动却在人们的直接目的中给以价值的考量，使之"合理性"和趋"善"、趋"美"。人文科学给人以敏锐的洞察力，它分担着人类知识能力的一半，从把握世界的方式来看，若抛弃了人文学科就等于抛弃了世界的一半。一个人只有同时具有科学素质和人文素质，他的活动才能实现"合规律性"和"合目的性"的统一、"真善美"的统一。在我们的时代，自然科学、社会学、人文科学只有联合才能解决当今日益复杂和不确定的问题，才能为从根本上解决当前中国高等教育的弊端提供有效的帮助。

二、实施人文素质教育的必要性

（一）人文素质是学做人的基础，人文教育是"做人学"

中国科学院院士周光召先生说："教育的目的首先是教会做人，做一个大写的人，一个不仅有谋生技能、能享受物质生活的人，而且同时做一个高尚道德的人，一个脱离低级趣味的人，一个追求智慧和真理的人，一个有创新思维和坚强性格的人，一个不断促进社会和人类自身进步的人。"

教育学生学会做人是我们德育的根本任务。学会做人必须以人文素质为基础，因为人文科学体系既是一种知识体系，也是一种价值观体系。人文学科关系到一个社会的价值导向和人文导向，关系到一个民族精神的塑造，关系到一个民族的生命力、创造力和凝聚力。国际上一些知名学者早就发出警告：如果忽视或者轻视人文学科，必然导致整个民族精神和民族智慧的衰退，必然导致整个社会的庸俗化。当今科学技术的飞跃和经济的巨大发展，一方面给社会的进步和发展以强大的动力；另一方面也带来了一系列的社会问题——人口问题、贫富差距问题、环境与生态问题、资源问题、道德伦理问题等，这些全球性的"社会病"严重地威胁着人类的生存与发展。它们不是科学技术和物质财富所能够解决的，因此世界都在关注人类的可持续发展问题和教育上的完整人格养成问题，以至通识教育、全人教育、养成教育成为全世界许多学校教育的新理念，而这些教育都涉及人与人、人与社会、人与自然环境的关系；等等。因此，人文素质是一个人的道德修养的基础，也是学生学做人的基础。人文教育应当作为提高学生思想道德素质的重要手段，也应当作为国家经济发展、社会进步的重要手段。

人文存在的直接意义在于保持传统，一方面表现在保持传统的原则性；另一方面则是促使传统形成一种面对时代发展应有的开放性。人文存在的根本意义源自人的内在的精神需求，有了这样一个维度，人才能主动适应纷攘的外部世界而不致于产生精神、心理上的疏离感，强调传统的根本"功用"也在这里。人文表现为对历史传统的敬畏、对典籍习俗的阐释、对日常生活的倚重、对艺术作品的欣赏、对美德的追求与热爱、对时代精神的弘扬。可见，所谓人文即人之所以称为人的学问，它本身就属于人性修养之学。所谓人文教育就是人性化教育，是通过人文的濡染与涵化使人学会做人的教育形式。因此，我国的人文教育首先应当以中华民族的传统文化为基础，这样才不会失去根基，同时对其他的文化也应采取兼收并蓄的态度，"去其糟粕，取其精华"，引导学生了解和学习世界各民族优秀文化，使我们的人文教育既具有中国特色，又具有鲜明的时代特点。

（二）人文素质教育是创新素质教育的基础

创新素质教育是指在学校教育中对学生进行创新精神、创新能力和创新人格的培养和教育。

首先，创新人格的培养离不开人文教育。素质教育努力塑造智商与情商和谐共融、完善健全的理想化人格。创新素质教育则追求人格发展的和谐性与特异性相统一。所谓人格发展的和谐性，就是注重德、智、体、美、劳诸多教育在学生身心发育中的有机渗透；所谓人格发展的特异性，即从事未来创造性工作所必备的独特精神品质，主要包括坚持探索，不随波逐流的独立人格，标新立异、破除框框的批判精神，不拘陈见、富于变通的灵活态度，博采众长、吸纳百川的广阔胸怀。人文素质教育的特点就是十分注重感受性和体验性，文、史、哲、艺等学科都具有感受性和体验性的特点。相对自然科学而言，人文学科的教育对培养人的内化机制，鼓励学生对世界的好奇心、求知欲和探究精神，对创新活动具有深层动力机制起到了更大的作用。人文底蕴越深、视野越宽，融会贯通的能力、再创造的能力才会越强。在这个意义上，可以说创新素质教育在本质上就是一种文化和人格教育。

其次，文化素质教育也十分有利于活跃与完善思维方式，提高思维水平。逻辑思维保证思维的条理性，数学思维保证思维的精确性，实证思维保证思维的可靠性，在这些思维之上的直觉思维，则用以保证思维的创造性。而直觉思维同人文教育的启迪、同人的右脑的开发关系甚为密切。爱因斯坦的成就、经历与他自己的体验充分证明了他的一个论述：知识是有限的，而艺术开拓的想象力是无限的。众所周知，他是位物理学家，又十分喜爱小提琴，是物理给予他知识，艺术给予他想象力。知识是有限的，想象力概括着世界的一切，是无限的。没有想象力，就不可能有创造力，而想象力的培养，恰恰需要人文教育。比如文化素质教育中非常重要的组成部分——艺术教育（如绘画、舞蹈、音乐及文学作品欣赏等艺术活动），不仅能提高人的审美能力，而且对人的智力开发，尤其对人的创造力的开发有着重要的意义。艺术活动通过其形象性、感染性和愉悦性，既能有效地激发人的热情，也能有效地诱发人的创造性。首先，艺术活动开发人的形象思维能力。但凡受过良好艺术教育或具有艺术修养的人，皆具有发达的形象思维能力。法国数学家阿达玛和心理学家黑堡曾经做过一个调查，结果显示在100位数学家中有98人认为他们的创造性探索是以形象为基础的。其次，艺术作品有着丰富的潜在内涵，是一个复杂的、多层次的动态结构，具有激发和调动欣赏主体心理活动的功能，即召唤功能。诺贝尔物理学奖获得者李政道博士认为："艺术和科学是相通的，艺术和科学的共同基础是人类的创造力，它们追求的目标都是真理的普遍性，科学和艺术是一个硬币的两面，这枚硬币就代表了文化。"他认为，越是伟大的科学家，越是深深地热爱艺术，从艺术宝库中汲取的养分也越多。艺术活动激发了人的灵感思维，艺术活动能够积累美感经验和提高艺术修养，而美感经验与艺术修养能够以其独特的魅力和潜意识诱发、激活人们的灵感思维。

（三）人文素质教育是心理健康的基础

任何心理问题都不可能是纯心理问题，必然受到社会环境因素的影响。但环境本身并不能使人们快乐或不快乐，人们对周围环境的反应才能体现自身的感受。同样，这种对环境的反应，取决于一个人的人文底蕴。近年来，我国大学生的心理疾患发病率呈上升趋势。就从我们最近几年在大学心理咨询中所接触的问题来看，当今大学生中普遍存在的心理障碍包括学习障碍、情绪障碍、交往障碍、性心理障碍和人格障碍；等等。这些数据和现象不能不引起我们每一位教育工作者、学生本人，乃至社会各界人士的关注与深思：这些学生的身上究竟缺少了点什么？我们认为，他们缺少的是对挫折的承受能力，对现实社会的适应能力，对情绪的自我调节、自我解脱能力，以及对自我正确认识、分析的能力。总之，他们缺少的是心理健康。

提高学生整体文化素质是实施心理健康教育的一项重要措施，因为文化素质是学生身心素质发展的基础。一方面学生可以通过学习文、史、哲、艺等人文社会科学和自然科学知识，正确认识人与自然、人与社会、人与人的关系，懂得生命存在的价值，从而爱惜生命，注重身心健康；另一方面可以提高学生的精神境界，培养学生科学的思维方法和生活方式，使他们能够正确认识种种矛盾，从而产生实现理想的顽强毅力和百折不挠的奋斗精神。而这种毅力和精神正是一种可贵的心理品质。因此，要真正培养学生健康的心理素质，必须以文化素质作为支撑。

三、实施大学人文素质教育的途径

大学人文素质教育是一个复杂的系统工程，需要学校、社会、家庭等各方面的教育形成合力，持之以恒，常抓不懈，才能有所收效。仅就学校教育而言，应该着重做好以下几方面的工作：

（一）转变教育观念

教育价值观念的变革是实现人文素质教育的关键。现代社会的发展要求教育不但要授人以"才"，而且要成人以"性"。要造就"和谐发展的人"，就要改变那种单纯注重传授知识的教育观念，建立一种"通才教育观"或"通识教育观"。"二战"后，美国教育界针对国内的教育弊端，提出实施"通才教育"的主张，他们希望通过这种教育兼顾"专业"与"教养"，受教育者既掌握专业知识，又通晓人生事理。在当代，各国为使教育适应未来发展的需要，都在更新教育价值观念，这种观念的实质正是注重科学素质和人文素质的统一。而今，中国的高等教育要"面向现代化、面向世界、面向未来"，就必须摒弃与社会要求相去甚远的陈旧、错误的观念，使中国的高等教育实现科学教育与人文教育的有机结合，以培养全面发展的人为目标，为社会造就有用之才。

（二）优化课程体系，强化学科渗透

课程是让学生获得系统人文科学知识的主要渠道。各学科除了落实教学大纲外，还要充分挖掘本学科丰富的人文内涵，制定出加强人文素质教育的具体目标和要求，在教学中积极进行人文素质教育，同时还应当开设一定的人文学科的选修课程。

（三）加强师资队伍建设

教师是教育的主导，担负着教书育人的重任。要想拥有高质量的教育和高素质的学生，必须先拥有高素质的教师队伍。为适应全面推进文化素质教育的需要，首先，不仅要改善和优化教师的知识结构，还要采取切实可行的措施，着力提高教师的文化素质。要把提高教师的文化素养纳入师资队伍建设的规划，定期对教师进行文化素质的培训。要将文化素养作为教师教学质量和水平考核的重要内容，激励广大教师热心教育，增强他们的使命感和奉献精神，使关心人才的全面成长成为教师的自觉行动。其次，要树立教师的榜样作用，学生人格的构建需要教师人格的示范，即"精神要靠精神来支撑，心灵要以心灵来沟通"。另外，人文素质教育强调培养学生的主体意识，独立人格的批判精神，这就需要教师有更为宽阔的胸襟、宽厚的知识和宽容的态度。要承认学生个体的差异，允许学生个性的张扬，帮助学生发挥特长，要为所有的学生提供成才的沃土，与学生建立新型的师生关系。

（四）优化育人环境

营造和风细雨的风气熏陶，构建润物无声的育人环境，在人文素质教育中方能对学生起到潜移默化的作用，引导他们茁壮成长。优化育人环境有"软""硬"两方面的任务。从"软环境"来看，必须抓好校风建设。在校风中起决定作用的是群体的价值观和文化背景。校风的形成不是一朝一夕的，它是学校精神的体现，是学校历史的积淀、传承和再造。优良校风主要靠学校师生认准目标，齐心协力，经过若干年的努力才能逐渐形成。学校领导作风要正，广大教师教风要端，广大学生学风要严。在一个人心思进、见贤思齐的集体氛围中，学生的身心才能得到全面发展，个性特长才能充分展示。从"硬环境"来看，要不断美化、优化学校的教学、文化和生活场所，抓好校园绿化，让校园绿树成荫，鸟语花香；要搞好校园布局调整，让学生进入校园后爽心悦目，心情舒畅；要重视校园文化建设，"让每一堵墙壁都开口说话"（苏霍姆林斯基）；重视校标的设计和设置，发挥各种雕塑、画像、纪念馆、宣传栏、校园网络的教育功能，展示学校荣誉，凸现校园文化，提升校园品味。

（五）其他途径

例如：一、举办讲座。让校内外教师、学者开设人文科学讲座是一个内容丰富、思想活跃、形式灵活、听众广泛的方式，可开阔视野、启迪思维、激发情感、丰富知识。二、开办社团活动、课外兴趣小组活动。通过各种社团活动，组织学生读书、研讨、创作，引导他们探索人生的真谛、陶冶情操、发展特长、培养能力，开办第二、第三课堂；组成各种兴趣小组，如诗社、剧社、文学社、画社、乐队、舞蹈队、合唱队；等等。三、阅读。人文知识的丰富主要靠自己学习，自学的主要途径是读书。大学生思维敏捷，记忆力强，接受力强，正是读书的好时候。应当抓住时机读一些好书，背一些好诗，记一些名句，这将使学生受益终身。而教师应在学生阅读时给以适当指导，做学生"心灵的持灯者"，引导他们高举人文精神的火炬，穿越成熟前的"思想暗夜"。

总之，大学人文素质教育是时代精神的呼唤，是促进教育改革，促进高科技和高素质的统一，是培养出既有知识能力又有健康人格、既会做事又会做人的高质量人才的基础，它切实可行，且势在必行。

第三节　高职院校人文素质教育的现状

高职院校人文素质教育在高职院校一直都有开设的课程以及与之相关的实践活动，但是其实施效果却没有取得太多实质性的成效，更多的是一种表面工作。随着我国经济社会的迅速发展，无论是人民群众，还是社会企业，都对"美好生活"提出了更多的要求，不再一味地追求知识体系，而是将更多的目光放在了素质教育方面。因此，我们有必要对高职院校前阶段的人文素质教育进行分析。

一、高职院校人文素质教育存在的问题

除了上一节我们着重谈到的几个方面之外，根据我们对全国百余所不同性质、不同类型和不同办学层次的高职院校的调查了解，特别是对一些早期进入教育部试点名单院校的走访调研情况来看，从整体上说，我国高职院校经过这些年的探索与实践，在人文素质教育重要性的认识、人文社科类课程的开设、教育环

节和教学方式的多样化开发、师资队伍与教育资源的培养整合以及不断提高教学质量、构建富有我国特色的高职院校人文素质教育体系等方面都取得了长足的进展，为我国高职院校人文素质教育向更深、更高层次发展迈进积累了丰富的经验，奠定了良好的基础。然而，调研中我们也发现，已经引起人们高度关注的是，随着我国高职院校人文素质教育继续向纵深发展，人们越来越触碰到一些现有教育方式和具体举措，无法有效应对和解决新的、深层次的问题。而且，当人们对这些问题深思熟虑之后，却越来越清楚地发现，原来这些新的、深层次的问题其实恰恰是深埋在我们已经走过的路程和正在实施的教育方式自身中的缺陷与不足，只是随着时间的推移逐渐显露出来变得迫切需要解决而已。抛开一些更为具体或细小的问题不说，就大的方面来看，以下几个问题是当前我国高职院校人文素质教育中存在的较为普遍的和比较突出的问题。

（一）定位模糊问题

面对不同的受教育者，人文素质教育的内容、方式和具体目标的选择与设定，无疑应该有所区别。那么，高职生人文素质教育与中小学的人文素质教育区别在哪里？高职院校人文素质教育要着重解决的是高职生人文素质中的什么层次和哪个方面的问题？高职院校人文素质教育最终应当达到什么样的目的、取得什么样的效果？这些问题正是开展高职院校人文素质教育必须首先厘清的基本定位问题。但是，通观我国的人文素质教育现状，目前我国人文素质教育采用的却是高度统一的教育模式。不仅在高职生人文素质教育中不同专业、不同层次和年级的学生的教育内容与方式完全雷同，甚至除了知识量给予的多寡之外，与中小学相比，高职生的人文素质教育也难以谈及实质性差异。针对高职生作为不同领域的专业人才的心理生理特征、人格发展阶段和成长需求，应确立什么样的人文素质教育目标，应选择什么样的教育内容，具体的教育方式有哪些？这些问题都表明高职院校人文素质教育必须首先明确定位，否则理论研究不仅严重缺乏，而且在实践中普遍会被忽视。由小学到大学的传统的、固定的人文素质教育模式，由于定位不明确，既不具有针对性，也不具有职业亲和力，因而大学生的人文素质学习和自我修养的兴趣和意识难以被激发。这样的教育越多，受教育者的认知疲劳和逆反心理就越严重，高职院校人文素质教育的实效性就会被严重消解。

（二）重知识轻人文问题

人的素质问题本质上是一个自我养成的问题，人文素质教育重在育不在教，而以育领教才是高职院校人文素质教育获得成效的根本途径。高职院校人文素质教育的重点，已经不能再像中小学那样侧重传授学生相关的人文知识，以便使其了解做人的常识，学习和体会做人的道理等。高职生已经是成人，并且他们即将成为拥有一定专业专长的专门人才。他们不仅心智上已经成熟，能够独立判断是非曲直和自主地控制自己的言行，而且大学期间他们的主要任务是专业学习，他们的成长以及人文素质的养成应当主要以所学专业为依托。因此，高职院校的人文素质教育归根结底是要紧密结合高职生所学专业，培育他们如何自觉自主地做一个对社会有用的人格完整的人，如何做一个对社会负责的全面发展的人。以教育为中心，充分尊重高职院校学生的主体地位。引导和帮助学生感知人生价值是教师的职责所在，使学生理解其专业的社会意义和责任，逐步形成优秀人文素质和心理素质，塑造完善的人格。然而，我国高职院校学生的人文素质教育偏重教师的教学和简单的课堂理论知识教学，忽视以学生为中心的人文素质的自我培养，缺乏有效的培养方法。这种重教轻育的倾向，使得高职院校在所谓的加强人文素质教育中增加了人文课程的种类，甚至针对高职院校学生不时暴露出来的一些问题，采用弥补缺失的方法，增加相关的教育内容，不仅会冲击和破坏预设的人文素质教育体系，而且会严重占用和压缩包括专业课程在内的各种课程的学时。因此，学生很难获得预期的效益，专业学习和人文素质教育的效果并不好。

（三）素质教育理论化问题

人文素质内涵丰富，是一个复杂的系统，人文知识只是这个系统的一个方面，也是它的构成要素之一。人文知识可分为显性知识和隐性知识两类，以传授和理解为核心的是显性人文知识，只能通过实践训练和内在认知获得的才是隐性人文知识。一般来说，人文知识的获得与人文素质的培养不是完全的线性关系，也不是非线性关系。个体的人文素质水平和人文知识量是不能等同的，一个了解和懂得一定的人文知识的人并不等于他就具有相应的人文素质。可是，目前我国高职院校人文素质教育似乎忽视了人文素质教育的丰富性和复杂性，不仅盲目追求知识传授，而且偏重显性知识的片面传授和所谓学生掌握人文素质教育的规范化评价等。因此，人文素质教育就成了课堂显性知识教学和理论考试的枯燥过程，学生的注意力和精力都被引导到对理论试卷成绩的关注和追求上，淡化了人文素质的培养和提高。高分低能，甚至知法犯法，各种破坏大学生人文素质底线的恶性事件，已经成为加强高职学生人文素质教育过程中一个令人震惊而又困难的诅咒。虽然近些年人们已经注意到这个问题，正在积极探索和采取一些举措解决这些问题。但是，除了及时处理出现的问题、缺少什么知识就补充什么知识的惯常的建议和做法以外，很难见有突破传统的革新性的理论支持和实践举措。这说明传统的简单性教育理念，已经成为阻碍我国高职院校人文素质教育向更高层次发展的内在障碍和主要症结。我们有必要更新教育理念，谋求新的突破与发展。

（四）专业知识学习与人文素质教育分离的现象

每个学生的人文素质是一个具有丰富个性特征的自组织系统，这一体系的具体结构关系到个人成长的具体过程，涉及中小学、高职院校在内的整个课程教育的具体情况，是个人修养、家庭、社会影响和学校教育多方合力的结果。高职院校是培养高级专门技术人才的机构，不同专业的系统教育会使高职学生形成不同的知识结构和具有不同特征的心智模式。这直接决定了不同专业高职学生对人文素质教育信息资源的选择取向和理解能力，决定了他们对这些资源的体认程度和内化方式。因此，高职院校人文素质教育必须紧紧围绕培养高层次专业人才展开，在深入挖掘其自身专业人文价值和社会意义的基础上，根据其特定的知识结构和心理模型，选择具有特色和专业亲和力的教育内容和方法。唯有如此，才能够真正达到既教书又育人的目的，才能使这些富有特色的人文素质教育内容和学生所学专业知识融合在一起，并最终内化为这些专业人才的内在精神支柱和人格情怀。这才是高职院校人文素质教育不同于中小学的独特的层次与角度和独有的目的与目标。然而，目前高职院校的人文素质教育与职业教育完全是两套体系，人文素质教师与专业教师相互分离，人文素质培养与专业学习的知识边界相互分离，造成专业学习与人文素质教育之间断层严重的现象，从教育教学体系上制约着高职院校人文素质教育的成效。在这方面，国外的通识教育和博雅教育等，特别是国外大学专业人才培养中的所谓 STS 教育模式，是值得我们参考和借鉴的。

以上所列四个方面的问题，虽然不能涵盖当前我国高职院校人文素质教育中存在的所有具体问题，但它们无疑是普遍的、突出的和最基本的。这四个问题正是导致和引发我国高职院校人文素质教育中其他更多、更具体的问题的基础或根源。因此，抓住了这些基本问题，就意味着我们找到了解决当前我国高职院校人文素质教育中所存在问题的关键所在。就这四个问题相互之间的关系来看，它们又是紧密联系在一起的一个整体。定位不清是导致重教轻育的重要原因，重教轻育必然走向素质教育知识化，而素质教育知识化就会自然形成专业学习与人文素质教育两张皮的现象。所以，这些问题不可能分别解决，必须谋划整体性的解决之道。为此，我们还得进一步分析造成这些问题的原因，以便确保解决之道具有针对性和成效性。

二、高职院校人文素质教育问题的原因分析

当前我国高职院校人文素质教育存在问题的原因是多方面的，它们的具体作用机理也是极其复杂的。其中既有客观条件方面的原因，又有主观认识方面的原因；既有时代潮流的牵引，又有具体国情等的要求；既有教育系统自身的体制机制和教育理念等的限制，又有来自家庭和社会各方面的影响；等。而这些原因对我国高职院校人文素质教育的具体制约和影响作用，有些是直接的，有些是间接的；有些问题有其确定的相对应的原因，有些问题则无法找到直接对应的原因，它们可能是多种原因共同作用的结果；因此，有些问题和原因之间存在可还原性的线性关系，而有些问题和原因之间则呈现出不可还原的复杂性的关系；等。这种状况表明，既然我国高职院校人文素质教育存在问题的原因是多方面的和复杂的，那么我们据此谋划的解决之道和具体举措，也应该是多方面的和复杂的。换句话说，这种状况给我们的重要启示就是，必须超越传统的简单性教育理念，树立复杂性教育理念，运用当代复杂性理论的原理和方法重新审视高职院校人文素质教育问题，以便获得解决问题的有效路径与方法，推动我国高职院校人文素质教育的健康发展。这里我们就上一节所指出的我国高职院校人文素质教育存在的几个问题，探讨造成这些问题的原因。虽然这些原因也是复杂和多方面的，但概括起来主要集中在以下几个方面：

（一）思想认识方面

在对高职院校人文素质教育问题的认识上，抛开那些表面现象和一些似是而非的假象，仔细分析后，我们可以客观冷静地说，无论是学校还是社会，无论是教育者还是受教育者，都还存在着许多不足甚至是误区。其中主要的表现有：

首先，对高职院校人文素质教育的重要性及其在高职院校教育教学中地位的认识，还是远远不够的。也许我们随处都能看到或听到人们言语上都在强调高职院校人文素质教育的重要性，也许在许多文献和论著中人们对人文素质在大学教育中的地位的理论论述也是深刻而充分的，但根据我们对为数众多的高职生的走访调查情况来看，实际上绝大部分高职院校在具体的教育实践中并没有把人文素质教育放在相应的重要地位。人文素质教育在这些高职院校的教育实践中多为应对管理部门要求的政策性应景行为，或者充其量也不过是对占据统治地位的科学主义教育的一种点缀和补充性的举措。事实上这种局面不仅是校方不自觉的行为，也被绝大多数高职生认同和自愿接受。可见，这仍然是一种深藏在人们心底不便明说的对人文素质教育的轻视或忽视，更能真实地反映人们对这个问题的认识情况。这是造成我国高职院校人文素质教育所存在的一切问题的最深层次的、最初的，或者说是第一个层次的认识方面的原因。

其次，就是对高职院校人文素质教育特性的认识还不到位甚至缺乏。若说高职院校人文素质教育的重要性及其地位，只是在实践上还远未加以落实，但在理论认识上还是清楚的充分的，那么相比之下，高职院校人文素质教育之特性就不仅是在实践上没有体现出来，在人们的思想认识和理论探索方面也是不到位的甚至是缺乏的。我们曾通过在多种平台上进行检索和查找，竟然在当前的人文素质教育研究文献中很难发现这方面的研究和成果。正如我们前面所说，与中小学相比较，针对高职院校学生的心理生理特点、个性发展阶段、不同领域专业人才的成长要求，应确立怎样的人文素质教育目标，应选择什么样的教育内容，应采用哪些具体的教育方法，这些都是高职院校人文素质教育必须首先明确定位的问题，然而现阶段高职院校不仅严重缺乏这方面的理论研究，现实中也不重视。这不仅是造成我国高职院校人文素质教育存在定位不清问题的直接原因，也是引发和造成其他更多问题的又一个认识层面的重要原因。

再次，就是对人文素质的内容和实质认识存在片面性或者说还存在误区。人文素质的内容是多方面的，比如人文知识涵养、人文精神状态、人文行为能力以及人文情怀和人文思维与方法等。但理论与实践并不苟同。在我国高职院校人文素质教育实践中，人们往往自觉不自觉地或莫名其妙地就会忘却其他内容，而集中或专注于单纯的人文知识的传授。虽然人们言语上不会承认人文知识就等于人文素质，但似乎在人们的潜意识中有一种心照不宣的信念，这种信念坚信：人文素质来源于人文知识，只要传授给学生相关的人文知识，就一定会使学生拥有较高的人文素质。在这种认识下，人们对人文素质实质的理解也就出现了偏颇或误区：把人文素质不看作在人的实践活动和社会生活中逐步养成的内在的综合性的人格特质或潜能，而误认为是一种在相应知识的积累上形成的可考核测量的显性的学习成果或事实。这种片面性的认识误区，无疑是我国高职院校人文素质教育存在的素质教育知识化和重教轻育等问题的直接原因。

最后，就是对人文素质的养成过程及其机理的认识不清楚、不充分和处在落后状态。个体的人文素质的养成，是伴随着人的一生逐渐发展和不断变化的过程。而在这个动态发展和变化过程中，个体的具体的人文素质状况的形成机理也是极其复杂的。我国高职院校人文素质教育中普遍存在的、持续重复着的"缺啥补啥"和开设了什么课程、补了哪方面的知识就期望和相信会立竿见影地解决什么问题，并通过当期的测验考核来加以验证的做法表明：人们对人文素质养成的过程性、动态性、变化性等的认识是不清楚的或不充分的，对个体人文素质养成机理的复杂性缺乏认识，乃至整个教育观念还处在传统的简单性教育观念的落后状态。与这种落后的传统的简单性教育观念建立在可还原原理基础上的线性思维方式不同，更为先进的新的复杂性教育理念认为，个体的人文素质的养成机理表现为一种不可还原的非线性的生成过程。因此，我们必须树立新的复杂性教育理念来改变这种落后状态。这种认识上的不清楚、不充分和落后状态，是我国高职院校人文素质教育在已有的基础上难以取得重大突破与进展的根本性的认识障碍与原因。

（二）高职生自身原因

当前我国高职院校人文素质教育中存在的问题，除了属于主观方面的认识原因以外，还有许多客观方面的现实原因。这些客观现实原因对我国高职院校人文素质教育形成了某些控制、制约甚至是制约作用，致使其一再陷入和持续处于所存在的问题中无法突破。这些客观现实原因主要有：

第一，就是我国高职院校教育管理体制机制还不够科学灵活。高职院校依法办学、办学自主权等还没有完全落实，行政管理部门对此干预太多，甚至就连教学环节的设立、专业和课程的设置及其内容的调整，在某种程度上高职院校都无权依据自身情况和市场需求灵活处理。一切都要听从上级的要求，按上级的统一部署来开展实施，并且要接受相应的监督与考核。对于这方面的问题和情况，目前大家议论的不少，理论界的探讨也比较多，有关部门正在着手推进相关的改革和新的体制机制的建设，所以，在此我们就不展开具体阐述了。但是，需要指出的是，这种长期以来客观存在着的现实状况，无疑是我国高职院校人文素质教育一直难以摆脱死板的统一性和同质化发展格局，走向自主灵活和多样化发展道路的主要原因。

第二，就是受高职院校自身的办学条件和经费等方面的制约。高职院校人文素质教育需要相应的条件保障和经费支持。虽说我国高职院校近些年的办学条件整体上普遍得到较大的改善，办学经费也不断得到大幅度地增加，但是人文素质教育经费在其中所占的比重少得几乎可以忽略不计，人文素质教育的各种软硬方面的条件与其他科目的教育根本无法在同一尺度上相比较。即使不去比较，单就人文素质教育经费的绝对数量和其所拥有的教育教学软硬方面的条件而言，这些经费和条件也仅仅能够或者说勉强可以维持上级要求开设的人文社科类课程的课堂教学。我们在调查中还发现，为数不少的高职院校没有条件和能力去做诸如组织学生进行校外实践锻炼和深入社会走访体验等活动。这样的条件限制和经费的缺乏，必然会造成大家提到加强和改善人文素质教育，就只能围绕课堂教学打转转、做文章，无法再开辟其他必要的教学教育途径和环节，特别是无法在高职生人文素质的自我体验和实践养成等不同于显性知识传授的隐性教育环节上，作出更加全面的能够将其推向纵深发展的实践探索。这一直以来都是制约我国高职院校人文素质教育质量和水平一道未能逾越的坎。

第三，就是高职院校校园的人文氛围的缺失和师资力量的不足。名师出高徒，环境氛围的熏陶胜过言语说教，这些都无疑是教育行业中的常规定则。优秀的师资是高职院校人文素质教育的具体实施者，是高职生人文素质养成的关键引领者；浓厚的校园人文氛围是高职生人文素质的全天候的哺育基地，是将高职生所学人文知识内化为人文素质的"孵化器"。离开了优秀师资的引导和校园人文氛围的熏陶，单纯的课堂人文知识教育就会流于形式。当前我国高职院校校园，特别是新建扩建的校园，在贪图地大楼大、追求奢华甚至远离人文文化中心区域等方面，远比潜心进行校园文化建设和校园人文氛围的营造等更为突出，更受追捧。处在这样的校园之中，你会发现和体会到：在满目都是已经十分现代、豪华的景象或表面现象中，到处都弥漫着所谓的工具理性的价值观和崇尚科技主义的色彩，传统的和优秀的东西、体现高职院校本质和精神的东西、围绕着人本身的东西、负载着和能够营造高职院校人文氛围的东西，则显得极其弱势和另类。而在师资方面，目前我国高职院校不仅普遍缺少能够高质量地进行人文素质课堂教育和知识传授的专业教师，更严重的是，没有和缺乏能够开展课堂以外各个环节和形式的人文素质教育的师资力量。事实上在人文社科和专业课教师中还都一直存在的重教书轻育人的现象或倾向，当前我国高职院校人文素质教育的师资力量，无论是其总量还是结构以及自身素质和执教水平等，都是不足的甚至是严重缺乏的。这正是我国高职院校人文素质教育整体效果不能令人满意和课堂教学实效性广遭诟病的重要原因。

（三）新时代社会历史条件提出新要求

高职院校的教育活动总是处在特定的时代背景下和具体的社会环境之中的。高职院校不能够也不可能独善其身，它不仅会受到时代潮流和社会环境的制约与影响，而且也必须主动适应和满足时代与环境的要求。我国高职院校人文素质教育所存在的问题与时代和环境的影响与制约不无关系，其中最主要的有以下几点。

一是时代潮流的牵引和冲击。形成于知识大爆炸和科学技术突飞猛进基础上的知识化、网络化、虚拟化的时代潮流，对社会的各个方面和人们的学习生活等，都产生了深刻的影响，甚至形成了巨大的冲击。就其对我国高职院校人文素质教育的影响和冲击来看，主要表现在两个层面。其一是各种科技知识和应用技术等日新月异和突飞猛进，将人们的物质生活和精神生活等都推向科技化。科学技术对社会和人们生活的这种前所未有的统御状态，几乎占据了社会的主要资源，吸引了人们的一切注意力，社会的人文层面、人们的人文素质等，被这种强大的势头边缘化、冷淡化甚至湮没于无形。其二是网络化和虚拟化等对那些曾经被认为是天经地义的和传统上优秀的东西形成了极大的挑战。参差不齐的网络资源对人们思想和心灵的影响，虚拟世界对人们情感和智慧的冲击，自由开放的交往方式对人们生活和行为的改变等，不仅使那些曾经被认为是天经地义的和传统上优秀的东西不再能够适应和无法解释人们遇到的新现象、面临的新问题，而且层出不穷的这些新现象、新问题甚至已经撕破了传统道德底线，逾越了已有的法律界限，改变了一些所谓的永恒的人文价值观。在如此剧烈的时代潮流的牵引和冲击下，必然会使得仍然坚守着传统的我国高职院校人文素质教育漏洞百出，不足频现。改变传统，与时俱进，是必然的选择和出路。

二是现代科学主义教育模式的统御和挤压。众所周知，以完全崇尚科学技术，侧重学生科学技术能力培养为特点的现代科学主义教育模式，至今仍然是高职院校教育教学占统治地位的主导性模式。我国高职院校从恢复到后来的大规模的建设，学习和运用的就是这种模式。这使得我国高职院校在教育方式和内容等各个方面，都与中国历史上注重自我修炼和侧重人文素质教育的传统截然不同，单纯的科学主义教育倾向，比国外有过之而无不及。无论是国外还是国内，当今强调人文素质教育正是源于对科学主义教育排挤和忽视人文教育弊端的反思和矫正。只不过在科学主义教育模式还占据统治地位的今天，它仍然是统御和挤压我国大学人文素质教育发展的主要因素。当前我国高职院校人文素质教育中存在的素质教育知识化和人文素质教育与专业学习两张皮等问题，都与这种统御和挤压有直接关系。

三是我国社会环境的制约和影响。我国高职院校近二三十年来所强调和推行的人文素质教育活动，正值我国社会处在改革开放和转型发展的大变革时期。其一，这个时期我国的社会环境是极其复杂的和多变的。各种思潮的相互碰撞，新旧体制的更替，社会结构与生活方式的转变等，一方面有利于反思和创新；另一方面还没有或者不能够一下子走进全新的轨道。这种状况反映到高职院校的人文素质教育上来，虽然人文素质教育的呼吁很强烈，实践探索积极主动，但还尚未走上令人满意和富有成效的发展轨道。这种仍然需要进一步发展的人文素质教育，自然会存在许多问题与不足。其二，这个时期我国社会发展的核心问题主要是发展经济，以经济建设为中心。这就从根本上决定了作为支持我国社会经济发展力量的高职院校教育，必须侧重科学技术教育，重点培养懂科学和掌握一定技术的建设人才。这反过来无疑又会强化大学的科学主义教育，进一步巩固这种教育模式的统治地位。与其相对的新兴的人文素质教育，只有在对其进行有效的改造变革的基础上，使人文教育和科学教育达到有机的统一，才能真正使人文素质教育恢复其应有的地位，使我国高职院校教育迈入科学健康发展的轨道。然而这一切还仅仅是个开始，还处在初期的探索阶段。因此，我国高职院校人文素质教育还存在有待改进的地方，仍属于一种难以避免的发展中的正常现象。其三，毋庸讳言，在追求经济效益的价值观和一些思想观念的影响下，功利主义价值取向成为一种弥漫在当前我国社会各个层面的人们用来评价一切的标尺。急功近利，讲求（经济）效益，贪图"实用"，甚至不惜弄虚作假、巧取剽窃、争名夺利等，已经较为严重地浸染了大学这片所谓的净土，侵袭了人们的心灵。在这样的状态下，人文素质教育及其所倡导的非功利主义的价值观，必然举步维艰，其发展过程受到来自各方面的干扰和掣肘在所难免。

以上种种说明，对我国高职院校人文素质教育进行创新变革，已经十分迫切。这不仅是一个时代性的课题，更是一个重要的转折点，即一个面向未来发展的转折点。

第四节　高职学生人文素质教育的解决路径

当前，国内的高职院校人文教育遇到很多困难，细究其内部的主要原因在于：人文教育的培养目标不够明确，缺乏职业特色，高等教育普及的过程中丧失了对文化品格的追求；等等。高职院校的人文教育有其特定的内容、功能和原则，因此高职院校既要在办学理念和课程设计方面进行创新，还要对开展职业人文教育方面的方法和途径进行探索，带动国内高职院校的人文教育走一条创新的道路。

一、确定科学教育与人文教育相融合的办学理念

所谓的办学理念，是学校谋求发展的核心和根本。高职院校要想在职业人文教育方面有所加强，就一定要坚定不移地走全面发展的教育理念，把功利主义价值观彻底抛弃，转变职业教育只是所谓的"技术教育"和把"工具人"的培养作为最终的目标的偏见，使其对于人文教育的重要性有充分的认识，使得人文教育和科学教育相结合的办学理念得以确定。在办学理念之中，科学教育要想很好地融合人文教育，最为关键的是要寻求做人与做事的完美融合，从而培养出具备高素质的技能型人才。

围绕教育所开展的全面发展才是高职院校发展过程中的指导思想，应当尽可能避免短时间内急功近利的行为，帮助学生发展为人才，尝试把"做人"和"就业"进行融合，大力倡导职业人文教育，唯有如此，才能开拓出一条极为宽阔的发展道路。

二、围绕职业人文素质展开教学内容与方法的改革

在高职院校当中，专业教学是进行人才培养的基础所在，课程才是进行各类教育活动的关键所在，它们使得教育自身的功能和特征得以完全彰显。为了不断加强高职院校职业人文教育，重新把培养健全人格的课程理念进行建设，而把诸如诚信、敬业、责任、创业、合作等职业人文素质看作一个基础，对于课程的整合进一步加强，通过职业价值观、职业指导、职业道德、职业核心能力等方面对人文课程建设进行加强，尤其在进行专业教育过程中将人文教育渗透其中。除这些以外，在对学生素质进行内化的过程中，应对校园文化和实训基地相关的环境建设加以重视。针对人文教育学体系所进行的构建属于一个系统性工程，不但要把专门的学科建设作为依靠，而且还需要通过来自各方的力量同步开展，使得文化素质融入专业教育的整个过程。

作为高职院校中的人文教育，主要是为了帮助学生在平时的学习和生活中内化所学知识和经验的过程，进而构建出一个属于个人的知识体系，并具备进行持续发展的能力。因此，要针对现有人文课程教学进行改革。为了引导学生更好地

把人文知识转化为人文素质，需在日常的教学活动中确定学生的主导地位，使得学生的主观能动性得以完整的发挥，一步步引导他们把人文知识转化为内在的人文素质。

因为职业教育中的关键性环节是实践，在实施人文教育的过程中对其产生深远的影响。所以，一部分的专业实践课程同时也是进行职业人文教育最好的场所。一部分的高职院校在针对人文教育中的"产学研结合"模式进行探索的过程中积累了丰富的经验，比如课堂教学与实训教学相结合的"双中心"模式、"学工交替"模式和"生活体验"模式；等等，值得进行总结和广泛的推广。

三、丰富教学形式，加强课程体系建设

对于大学生的思想素质、政治素质、道德素质及心理素质进行培养的主要是高校的思想政治理论课。为了使思想政治理论课充分发挥其主导作用，一定要切实加强对于思想政治理论课的建设。首先，要完善大学生思想政治教育的组织机构。其次，要规范思想政治理论课的教育教学制度。高职院校要制定一系列文件，规范思想政治理论课的教育教学，针对思想政治理论课所涉及的目标任务、办学条件、课程设置、教学条件、社会保障等方面来加强建设。通过多样化的教学形式来开展思想政治理论，针对寓教于乐的教学模式进行深入的探索，不断地与社会发展的现实情况相结合，根据高职院校内部学生日常的行为特征，尝试使用互动式教学、实践教学或多媒体教学，使得思想政治理论自身所特有的灵活性、实效性和针对性得以持续增强。

深层次挖掘人文素质教育相关的模式，通过积极的方式来设置人文社科必修课、选修课和专题讲座。在《中共中央国务院关于深化教育改革，全面推进素质教育的决定》中有特别地提出："高等学校应当要求学生选修包括艺术在内的有着一定课时的人文学科。"所以，高职院校在人文社会科学方面进行拓展，在传授知识的过程中融入素质教育，就一定要努力针对学生人文素质教育模式进行深入探索，主动去开发与人文社科相关的各种必修课、选修课和专题讲座。在整个大学阶段，高职院校的人文社科课程应当始终贯穿，而且还要依据年级不同的学生的心理特点，来设置相关的课程。比如，针对刚进入学校的一年级新生，可以

尝试开设大学语文、人才学、实用语文、演讲与口才、大学生心理健康教育、社会心理学、人际关系学，还有音乐鉴赏和文艺鉴赏等，主要为了使大学生早日适应大学的学习和生活，完成人生角色的转换；对于二年级的学生来说，已差不多适应了大学的生活，依照他们对思想深度和知识广度的需求，设置人生哲学、书法艺术、伦理学、社会学、管理学、科技史学、中国文化概论、公共关系学、大学美育书法艺术、摄影技巧及影视鉴赏等选修课；等到了三年级，学生们有了一定的知识储备，将要面对毕业、就业和择业的试炼，可开设的学科有：大学生择业指导、广告学、市场营销学、企业文化、商务谈判技巧、人力资源管理学、知识产权学等各种选修课。这个时期，可以根据年级的不同在每个学期内开展一个与人文社科相关的系列专题讲座，如大学生个人与成才、高职人才定位与人生设计、人际关系与公关技巧、全球化与当下的中国、高职人才定位与人生设计等，帮助学生通过各种活动来进一步理解人文精神。

四、构建高职学生人文素质教育评价系统

要想使高职院校人文素质评价体系得以系统、全面的构建，就一定要与高职院校的实际情况相结合，做好以下三个方面工作。

（1）建设一个与高职院校人文素质相关的评价系统。针对院校内部学生的人文素质制订出对应的教育计划，切实践行教育相关的工作，并在全方面考核的同时，还要了解人文素质教育的推广情况，提出与改革相关的建议，进而引导人文素质教育不断发展和优化。

（2）汇总出与学生人文素质测评相关的内容，主要内容包含心理健康测评、德育测评、创业能力测评、职业技术测评、智育测评、组织活动测评等。对于高职学生所进行的人文素质教育，旨在全面改善学生的行为方式、综合修养、学习态度、能力和知识。

（3）针对人文素质的测评方法。对于学生的人文素质进行测评时，把定性分析与定量分析相融合，首先是把人文素质划分为六个相应的内容，然后把指标具体化、细致化，依据学生的日常表现由考评人员进行科学的打分，最后累计起来的总分正是学生在人文素质方面的最终分数。

1. 所有测评指标占据的具体比例

其中，心理健康测评占比为 10%、组织活动测评占比为 15%、创业能力测评占比为 20%、职业技能测评占比为 15%、德育测评占比为 20%、智育测评占比为 20%。

2. 计算测评总分所使用的方法

德育测评获得的分数 ×20%+ 智育测评获得的分数 ×15%+ 组织活动测评获取的分数 ×20%+ 职业技能测评获取的分数 ×15%+ 创新测评获取的分数 ×20%+ 人际心理健康测评获取的分数 ×10%= 最终的总分。

与此同时，为了更好地发挥考评本身的效果，也为了引起学生足够的重视，可自行设置相应的奖惩机制，如按照规定实践完成相应的考核而且最终是合格的，就可以给予相应的合格证书；如果在规定的时间范围内没有完成相应的考核，就会受到一定的处罚；如果经过考核的最终成绩是优秀，就可以考虑给予一定的奖励，在毕业后就业的过程中就会得到一些优先权利。正是凭着这种相当全备的奖惩制度，才使得高职院校的人文教育效果得以显著提升。

五、全面提高教师的人文素养

教师，在学校所开展的教学活动中往往起着主导性作用，所以教师自身的人文素养会对学校整体的人文素质教育的质量与水平起着关键性的作用。首先，高职院校要持续加强针对文科教师的建设，他们承担着人文素质教育的教导，只有不断壮大文科教师的队伍，才能真正带动人文素质向前发展。其次，教授专业课的教师一定要紧跟时代的发展趋势，对于教育理论持续进行优化，使得个人的人文综合素养得以全方位的发展。教师在授课的时候，要在课程中融入人文教育，使得学生不但可以掌握专业性知识，而且还可以使思想文化素养得以提升。最后，学校中的文科教师和专业课教师要齐心协力，一起肩负起为学生进行人文素质教育的责任，践行教书育人，带动学生实现全面的发展。

与此同时，除了要不断招聘文科教师以外，高职院校还需要为授课教师提供一些与能力提升相关的培训。通过各样的培训学习，来进一步加强对人文素质教育的认识，从而更深入地理解培养人才的目标，进而深入地吸收有关人文教育的教学手段和教学方法。

六、构建具有职业人文特色的校园文化

人文素质和人文知识不论是在个体发展过程中，还是在整个社会的发展过程中都发挥着关键性作用。把高职院校的培养目标和学生自身的特征结合起来，依照专业的不同，培养学生与之相适应的职业素养和关键能力，使得学生对于未来将要从事的职业激发出更多的热情以及勇于开拓的精神，也为高职院校建设校园文化开辟新道路。。

针对职业教育和专业教育来说，在传授知识和技能培训方面还是不一样的，它会引导学生把掌握的职业人文知识慢慢地内化为自身的素质和修养，使得学生慢慢成长为有高尚人文精神和高品位思想素养的人。积极地建设健康有益、丰富多彩、生动雅致的校园文化活动，同时也营造出一种积极向上、生动活泼、颇具校园文化特色的文化氛围。针对一些企业和行业所进行的社会实践活动，以及展现出职业人文特色的社团活动，不但对于调动学生的主动性和积极性很有帮助，而且也对学生科技人文综合素质的培养、促进学生创新能力养成和人文精神的培养都发挥着重要的作用。

所谓的大学校园文化，是由高校的教师和学生一起创造出的精神财富。人文校园文化的浓厚氛围，对于塑造大学生的个人人生观、价值观，还有美好人格的形成、高尚情操的陶冶发挥着极其重要的作用。正处于创造高峰期的大学生，有着充沛的精力和活跃的思维，以及旺盛的生命力和青春活力。所以，要努力为学生营造出有着浓厚人文关怀的环境，为他们提供一个施展自己聪明才智的平台。

第五节　大学生科学素质教育与人文素质教育整合的必要性及其途径

在知识经济时代，知识的增长速度不断加快，知识的陈旧周期不断缩短，知识转化的速度猛增，学科出现了高度综合的趋势，这对大学生的学习能力和获取信息的能力提出了新的要求。大学生在观察、认识和处理问题时，既要保持理性思维的科学态度，又要具备人文情怀的价值眼光。大学生究竟发展什么和如何发

展成为我国高教改革关注的一个重要问题。高等教育探索适应新形势下的科学素质教育和人文素质教育的整合势在必行。

一、大学生科学素质教育与人文素质教育整合的理论基础

今天的教育，明天的社会问题。我们所要构建的和谐社会，既是一个高科技日益增长的知识密集型社会，又是一个生活质量全面提高、文化需求全面增长的人文社会。科学教育与人文教育的分裂这一问题必须引起我们的高度重视。

大学生科学素质教育与人文素质教育整合的基础在于：

（一）教育价值

要把社会发展的需要和个人发展的需要结合起来，要使大学生具有较高的科技文化知识、较高的人文素养和健全的人格，并形成完备的知识结构。科学与人文作为两种不同的文化现象，有着各自独立的价值与功能。科学关注的是人对物的问题；科学精神追求真，崇尚客观性和求实性，具体表现为以物为尺度，以客观世界为认识对象，竭力排除主体对认识过程的干扰，达到实事求是。人文关注的是人对人和人自身的问题，是主观世界；人文精神追求善和美，具体表现为以人为中心，以人为尺度。人们在对科学价值的追求中离开人文价值是不完整的人，同样，在对人文价值的追求中离开科学价值的取向是跟不上时代步伐的。只有两者相互渗透，才能构成完整意义上的人类价值体系。将人文教育和科学教育结合起来，使大学生既具备科学知识和人文知识，又掌握科学方法和人文方法，这样才能达到追求真理、讲求价值的完美统一。

（二）教育目标

要把大学生培养成合格的接班人，就要使他们成为既有健全人格又掌握生产技能的劳动者。因此，要把科学素质教育与人文素质教育整合起来，达到提升人性与提高人力的统一。科学与人文的整合不是两种知识机械地添加与组合，而是一个有机的整体。知识经济时代，知识经济化和经济知识化并存。而经济知识化从某种意义上说就是经济的人文化，它使得知识成为经济增长和发展的主要源泉和资本，从而使人类生产劳动的自由度得到提高。科学技术的高度发展，为人们扩大社会交往和社会联系提供了必要条件，人们将拥有更加充裕的时间和更加丰

富的生活内容，使自己获得更加全面而自由的发展。但是没有人文精神的引导，科学技术是盲目的。科学素质与人文素质两种教育的同时实行，可以克服教育过于专门化所造成的科学与人文的分裂。大学生要既有科学素养，又有人文精神；既有专业知识，又有健全人格，这是高等教育不可回避的重要任务。落实这项工作的重要性在于为我们的社会走向真正意义的现代文明提供可靠保障。

（三）教育内容

大学生在大学阶段不仅要形成完善的知识结构，提高创新能力，而且要提升人文精神，形成道德责任感和义务感，从而达到真、善、美的统一。科学、人文都是同一主体的两种要求，是一体两面的，如果把二者割裂开来，那么人文教育就不是真正意义上的人文教育，科学教育将成为一种残缺不全的科学教育。科学素质教育的任务是培养大学生的科学意识和科学素养。科学素质教育要求大学生能够建立科学概念、掌握科学方法、培养科学态度、树立科学的价值观念，并培养其适应现代社会的能力，旨在让大学生了解科学、技术与社会三者之间的相互关系和彼此的影响。大学生人文素质教育不仅要给大学生传授人文知识，还要培养人文精神。人文素质教育的目的主要是引导学生如何做人，如何处理好人与自然、人与社会、人与人的关系，以及如何使大学生理性、情感、意志等方面的素养得到提高。只有促进科学知识与人文知识融合、科学思维与人文思维功能互补、科学方法与人文方法协调，才能发挥多学科优势，使大学生在认识上跨越科学知识与人文知识的鸿沟，开阔视野，实现全面发展。

二、大学生科学素质教育与人文素质教育整合的时代要求

（一）大学生科学素质教育与人文素质教育整合是构建和谐社会与人全面发展的需要

人的全面发展作为人发展的终极目标和理想状态，包含着"人究竟发展什么"和"人如何发展"的问题。科学教育与人文教育对大学生生存能力起着转化作用，它不是像遗传基因那样直接通过生命有机体来表达物种具备的生存能力，而是通

过教育把科学知识和人文知识转化为大学生个人知识结构的一部分，把科学知识和人文知识应用于个人的生存活动，从而达到适应环境和提高生存能力的目的。科学素质教育与人文素质教育要教给大学生的是：从科学求真的角度摆正人在自然中的位置；从伦理明善的方面承担人对自然和社会的责任；从情感审美的层次追求人与自然、人与人、人与社会的和谐。科学素质教育与人文素质教育要教会大学生们在观察、认识和处理问题时，既要保持理性思维的科学态度，又要具备人文情怀的价值眼光。要以科学精神和人文精神相统一的态度，消除现代文明带来的尖锐矛盾，使大学生成为构建和谐社会的一支生力军。

（二）大学生科学教育与人文教育整合是高等教育自身发展的需要

人才培养是大学首要的和核心的功能。一方面通过实施比中小学教育更高层次的综合化教育，使得大学生在德、智、体、美等方面全面发展，目前许多高校都开设了通识教育且效果很好；另一方面通过实施专业教育与分科教育，使得大学生获得专业知识和专业技能，并成为社会各行各业的高级专门人才。为了缓解高科技发展对人性的扭曲，避免互联网等所引发的人与人交往的疏远化，解决大学生的价值困惑等问题，在科学教育中要融入人文教育。作为人文社会科学方面的专业要成为具有时代感的学问，要融入现代文化的主流，就必须自觉增加对科学技术运用水平最新态势的了解，使得文科学生掌握自然科学和新技术常识。在国际上，不同的国家和地区的大学办学理念各不相同，但因为时代的要求而又逐渐趋同，这就是科学教育和人文教育的融合，是高等教育自身发展的需要。

（三）大学生科学教育与人文教育整合是知识经济时代的要求

知识经济时代是以智力资源的占有和配置，知识的生产、分配和消费为最重要因素的经济时代，它使得知识尤其是科学知识的占有量成为一个国家国力和国际竞争力强弱与发展潜力大小及速度快慢的首要标志。在这种情形下，知识的选择、整合、转换和操作变得更为重要。科学技术的发展，使人们得到了解放，但要制止科学的异化和技术的滥用，避免科学的误用或恶用而产生极大的负面影响，就必须建立科学教育与人文教育相结合的教育理念。克服科学思维与人文思维分裂的缺陷，使二者相互协调，从而更好地解决个人和社会问题以及人类面临的许多问题。因此，只有大力发展科学教育和人文教育，加强对大学生人文知识的传授和人文素质的培养，加强对大学生创新知识的传授、创新素质的培养与创新能力的提高，才能造就适应知识经济时代和我国社会主义现代化建设事业需要的新世纪人才。

三、大学生科学素质教育与人文素质教育整合的基本途径

科学素质教育与人文素质教育的整合并不是两种教育的简单相加，也不是一个简单的比例关系问题。两者的整合都不应以削弱或牺牲对方为前提，而是在关注二者发展的失衡与分离这一现实的基础上，通过转变教育价值观念、改变教学模式以及合作办学等方式，使大学生科学素质与人文素质协调发展。

首先，转变教育价值观念是科学素质教育与人文素质教育整合的关键。教育的自身价值与工具价值是对立统一的——既有功利价值又有非功利价值。教育在人力资源的开发、振兴经济、发展科技等方面具有功利价值；教育在人伦教化、文化传递、社会整合等方面具有非功利价值。教育作为一种社会活动，它和社会发展密切相关。大学生科学素质教育与人文素质教育的分裂，不能简单地归结为教育问题，它还是一个社会问题。由于社会发展导致社会分工的精细化以及由此带来的人才专业化，使教育中各门学科课程之间产生割裂，其深层社会原因是社会生活的区分与隔离。教育需要做出相应的调整和改革，通过教育来逐步打破社会生活的区分与隔离，从而缓解科学与人文之间的矛盾。主要和关键的问题就是转变教育价值观念。

其次，改变教学模式是科学素质教育与人文素质教育整合的基本途径。要通过明确培养目标、合理设置专业、科学设置课程等具体的、行之有效的措施来达到二者的整合。人文教育与科学教育相融合的人才培养模式体现在：培养目标上要使大学生成为具有创新精神、创造能力和创业才能的人，要具有完备的知识结构，即要使大学生具备较高的科技文化知识和较高的人文素养，成为多学科和跨学科的复合型人才；专业设置上，要做到厚基础、宽口径，同时积极适应社会需求的多样性和科学技术发展的需求，孕育新兴专业；在课程设置上，要做到综合化、内容丰富、结构合理，同时还要加大学术活动、科学实验和社会实践的教学

力度。高等教育中的教育内容要全面，人文与科学二者不可偏废。学校教育应该注重科学知识与人文知识的统一，可以通过设置人文科学和自然科学相结合的综合性课程，以及试验课、选修课等方式，使大学生成为文理兼通、视野开阔，富有综合创造能力的复合型人才。

最后，合作办学是科学素质教育与人文素质教育整合的有效途径。各高校既有着自己的文化历史积淀，又有着自身办学理念和办学模式的特点和优势。合作办学正是借用这种差异性和多元化办学传统，既可以开设双学位班、互聘教师以及共同开展教学改革，还可以做到硬件和软件互补。合作办学，开放办学，兼容并蓄、博采众长，走出去和引进来的开放办学理念，积极稳妥地促进了高等教育国际化进程，而且知名度和影响力也会日益提高。在一些高校林立的城市，尤其是在一些大的省会城市，这种办学模式起到非常有效的作用。通过合作办学，各学校之间在教学资源配置上形成优势互补，在理、工、文等各学科之间搭建知识平台，使学生在相互选课中体会到科学精神和人文精神的融合与互动，各类资源的利用率也得到了提高，更重要的是为学生的全面发展提供了一个有利的知识空间。

第四章 高职院校人文素质教育评价体系

评价体系在任何一种思想研究中都是重要的组成部分之一，因此对于高职院校人文素质教育体系研究亦是如此。在笔者所查阅的资料以及相关文献中，有关高职院校人文素质教育评价的表述和研究很少。为此，笔者认为，深化对高职院校人文素质教育评价体系的研究和表述必不可少。高职院校人文素质教育是一个长期的过程，必须从制度上加以推进和保障，只有这样，才能为社会主义建设事业培养社会主义建设者和优秀接班人。

第一节 高职院校人文素质教育评价的内涵及价值

对人文素质教育评价内涵和价值的了解，就相当于打开了人文素质教育评价体系的一扇门，知道了人文素质教育评价是干什么的，才能够进行下一步的安排和研究。

一、高职院校人文素质教育评价的内涵

人文素质教育评价是在教育评价、素质教育评价基础上发展形成的。教育评价的概念产生于 1933 年，美国的进步主义教育联盟（Progressive Educational Association，PEA）组织泰勒教授（Ralph Tyler）等进行了多年研究，提出教育评价是"一组给定的学习者的期望与实际学习效果之间的比较"。

素质教育评价体系，是指按照素质教育的目的、要求和教育的原则及其价值标准而建立起来的对受教育者的发展变化及构成其变化的诸种因素所进行的价值判断的一系列方法、标准和规定。

笔者认为，人文素质不仅包含思想道德品质、人文知识，而且还包括一个人在社会活动中，不断地通过各种教育所获得的一种综合的素质。根据其行为特征，分为内隐和外化两个维度。内隐包括各种人文知识、人文精神，外化体现为各种人文行为，是综合了文化、心理、思想、情操、气质、个性、语言、情感、知识、仪态等方面的总体素质。对人文素质教育的评价，即对被评价体系所培养出学生的内隐和外化维度进行评价，以获得该教育体系的培养效果。

人文素质教育评价的任务是评价高校人文素质教育的效果，目的在于提高人文素质教育水平，评价的中心环节包括被评价的人文素质教育体系所培养的学生的人文素质水平。因此，人文素质教育评价是指按照一定的价值标准，对受教育者人文素质的发展变化及构成其变化的诸多因素进行的价值判断。任何一种人文素质教育措施的广泛实施，都需要基于科学的证据、该人文素质教育措施效果的评价和适用性分析。

高职生的职业选择对人文素质具有较高要求，高职院校如何提供有效的人文素质教育、现有人文素质教育体系效果如何、对高职生人文素质的提高是否具有意义，这些问题都需要进行人文素质教育效果评价。人文素质教育评价体系的确立，为学校的教育决策和教学改革提供了科学的依据。对更新教育思想，转变教育观念，拓宽教育渠道，整合教育资源，优化培训方案，深化教学内容和课程体系的改革，提高教育质量和效果有重要意义，对培养符合时代要求的具有较高人文素质的人才至关重要。

但是，当前尚缺乏公认的人文素质教育评价体系，大多数文献都是围绕人文素质教育的目标、原则、意义进行阐述。提高人文素质教育效果，科学地对人文素质教育措施、方法进行评价是前提。对此，笔者将根据人文素质的内涵，人文素质教育的目标，提出人文素质教育评价体系，包括评价内容、评价方法、评价指标，为今后进行人文素质教育提供科学范例，促进高职院校人文素质教育质量的提高。

二、高职院校人文素质教育评价的价值思考

高职院校人文素质教育评价体系作为高职院校人文素质教育整体内容的重要

组成部分，有着不可替代的作用。思考高职院校人文素质教育评价体系在高职院校人文素质教育教学中扮演着怎样的角色、有着怎样的价值，一方面能够帮助我们更好地了解高职院校人文素质教育教学实效性、高职生在接受人文素质教育后有着怎样的收获；另一方面能够帮助我们更准确地理解高职院校人文素质教育评价体系的作用和意义。

（一）揭示高职院校人文素质教育价值，科学确立人文素质教育地位

人文素质教育作为高职院校教育教学工作中的重要部分之一，其在教育教学中的重要性与地位是不言而喻的。自人文素质教育在我国教育界出现开始以后，我国就在不同程度上注重人文素质教育，尤其是中国特色社会主义进入新时代以来，尤其强调要加强对学生的人文素质教育问题。理论上的完善并不意味着实践上的与时俱进，因此，人文素质教育在高职院校的具体实践与我们国家对职业技术人员的人文素质要求总是存在着一定程度上的差异。人文素质教育在我国的教育教学以及教育改革中的确发挥了重要作用，体现出了其重要价值，但其科学地位并没有在高职院校师生的头脑中牢固地被确立起来，因而常常摇摆不定，绝大多数课程仅仅停留在理论层面，老师抱着"上一上完成任务就可以"的态度教学，学生抱着"听一听就得了，拿到学分就行"的态度上课。有时，高职院校教育凌驾于一切工作之上，有时又可有可无甚至靠边站。"一手硬、一手软"的状况没有根本改变，这里的关键是人们是否真正理解或把握人文素质教育的现实价值。不难理解，人文素质教育对人的发展和社会的进步具有重要价值，但高职院校师生能否认可和实现人文素质教育的价值又是另一回事；全面理解和认可这一价值是一回事，科学地揭示和把握这一价值又是另一回事。

研究人文素质教育评价，就是要从理论上弄清人文素质教育评价的基本原理与技术、方法，从而科学地揭示出人文素质教育的价值。当不同时期、不同阶段、不同领域的人文素质教育对不同的个人、群体或社会的价值（如经济工作、文化工作和科技工作的价值），能够得到社会的公正评价和认可时，就可以确立经济工作、文化工作和科技工作相应的地位。当然，由于人文素质教育本身的复杂性，要科学地揭示它是有相当难度的，但并不是不可能的。因此我们不能回避它，或

者想当然地、主观随意地进行评价，或者通过政策、文件口号式地进行评价，唯有加强人文素质教育评价的理论研究才是正确的途径。

从具体实践来看，长期以来，正是由于缺乏科学的人文素质教育评价，人文素质教育的价值不能及时、客观、公正地反映和体现，因此人文素质教育始终处于言说的情境中，做是次要的，忙是没有必要的。尤其是对于我们的学生来说，他们往往看不到人文素质教育的客观效果和价值，不认为人文素质教育中的教学是不可或缺的，所以他们自然就会置身事外。同时，对学生、员工、教师、干部在入学、就业、招聘、晋升和录用中的人文素质缺乏客观、科学的评价（除非是有明显的违法违纪记录，否则这方面的因素常常被忽略，或者简单地以业务素质取而代之），因而，无论是高职生人文素质教育方面的自我修养还是社会、学校、家庭对于个别高职生或高职生群体人文素质方面的教育都显得投入不足，甚至某种意义上可以说，人们觉得根本就"没必要"在这方面投入。由此可见，加强人文素质教育评价的研究，有利于从根本上解决社会、家庭、学校及个体对人文素质教育的忽视问题，推进其对人文素质教育教学工作的自觉改进和个体自我修养的主动加强，进而强化人文素质教育教学的内部机制与功能。

（二）改善人文素质教育管理决策机制，提高人文素质教育的有效性

开展人文素质教育教学评价理论的研究，实施科学的人文素质教育教学评价，是国家、社会、学校加强对高职生人文素质教育教学管理的迫切需要。要对人文素质教育教学进行科学管理，就要对所管理的对象实施客观的评价，以便为国家、社会和高职院校的各项人文素质教育教学决策提供科学依据。例如，人文素质教育教学实行什么体制和机制，按多大比例配备人文素质教育教学的专兼职人员，应有多大的投入等，对于这些重要问题，都必须经过科学的、客观的评价，否则，是无法决策的。2004年8月26日，中央颁发的《中共中央国务院关于进一步加强和改进大学生思想政治教育的意见》（中发〔2004〕16号）在综合分析大学生思想政治教育面临的新形势、新情况的基础上，科学、客观地评价以往思想政治教育工作，提出了加强和改进大学生思想政治教育的一系列战略决策。人文素质教育也是如此。具体到各高职院校，如人文素质教育与教学的规划、改革

方案、机构设置、人员安排等也必须明确，这些问题的决策也需要科学证明和客观评价。需要指出的是，以往类似问题的决策主要是经验决策，一般依靠校领导或人文素质教育者个人的知识、阅历和智慧作出，虽然带有评价的性质，但显然不是科学的评价，因此是有一定局限性的。现代科学技术的进步和社会的发展对人文素质教育教学提出了新的更高的要求，人文素质教育教学要尽可能做到科学决策，而科学决策必须建立在科学的评价基础之上。

此外，人文素质教育评价也是人文素质教育教学过程中不可或缺的一个环节，在人文素质教育的全过程中起着调节作用。它不仅为教学目标的确立、内容的确定和方法的选择提供了客观依据，而且对结论进行了评价。高职院校的校领导或专业人文素质教育研究部门可以采取相应的奖惩、指导、规范等行政措施予以体现，形成人文素质教育发展的外部动力。同时，评价活动对人文素质教育中教师的价值判断和价值取向的影响，可以形成更为深远和持久的内在驱动力，从而提高人文素质教育的内外动力和教学发展中的有效性。人文素质教育评价是人文素质教育教学工作的衔接点，也是人文素质教育教学工作与人文素质教育价值的衔接点。因此，加强对人文素质教育评价的研究，可以进一步提升对人文素质教育过程的认识，不断提高人文素质教育的前瞻性、针对性和实效性。

（三）动态把握人文素质教育的发展，深化人文素质教育的改革创新

回顾人文素质教育教学工作在我国的发展历程，有取得的辉煌成绩，也有忽视人文素质教育而重视专业知识的现实。人文素质教育在我国的教育发展中一直是一个极具矛盾的教育话题。但是，面对新形势、新情况，人文素质教育教学明显还不够适应，存在不少值得研究的新课题。教育家、学者、教师都不约而同地提出，人文素质教育教学需要改革、需要创新。于是，关于人文素质教育教学改革与创新的理论研究文章不断在报刊上发表，人文素质教育教学改革的创新措施也在不断尝试，但实际效果往往不尽人意。有人认为这是社会环境恶劣造成的，有人认为人文素质教育本身缺乏科学性是主要原因，有人认为人文素质教育的改革与创新，无论是理论研究还是实践探索，都没有找到问题的核心，都是空洞的讨论和盲目的实践。这些分析无疑有其合理性，但如果仅从这些原因出发，说明

当前高职院校人文素质教育改革与创新的实际效果并不明显，针对这些情况提出相应的对策和措施，可能只会重蹈覆辙，从而使人文素质教育在重视、加强和改革创新的舆论中被弱化、搁置甚至被削弱。

究其原因，最根本的是缺乏科学的人文素质教育与教学评价机制，无法把握人文素质教育与教学的整体发展动向。既不能客观地认识人文素质教育教学的效果和价值，又不能真正区分影响人文素质教育有效性的复杂因素，也不能把握人文素质教育各因素与人文素质教育效果和价值的内在联系。人文素质教育改革的突破口在哪里？重点和难点是什么？只有通过科学的人文素质教育和教学评价，我们才能把握它。因此，我们必须转变思维方式，不为改革而改革，不为创新而创新，更遑论赶超潮流，认真开展人文素质教育教学评价的理论研究，掌握人文素质教育教学评价的基本原理与方法，正确地实施人文素质教育教学评价，从而为人文素质教育教学的改革创新提供科学的依据。

（四）拓展人文素质教育的研究视野，加快人文素质教育的学科建设

纵观 20 世纪 80 年代至今人文素质教育在我国的发展历史，不难发现，我国对人文素质教育的研究主要依靠主观思辨和经验描述，缺乏坚实的科学依据，这也是一些学者对人文素质教育的科学性提出质疑的缘由。国外社会科学研究取得突破性进展的一个重要原因是，他们善于在科学事实资料的基础上建立自己的研究。因此，我们应充分认识人文素质教育教学评价研究的方法论意义及其科学化过程对整个人文素质教育教学建设的意义。

一方面，人文素质教育的教学评价是建立和完善人文素质教育学科理论体系的需要；另一方面人文素质教育是一门高深的学问，但就其课程建设的科学性而言，正处于探索阶段，缺乏对以往经验和数据的系统总结，尤其是缺乏"科学的定量分析，许多经验和感性认识还没有上升到理性认识。马克思曾指出：只有科学成功地运用数学，才能达到真正的完美。"人文素质教育的教学评价以马克思主义认识论和价值论为哲学基础，运用教育统计学、测量学、模糊数学、计算机技术等相关学科的理论和方法，必将进一步拓展人文素质教育研究的视野，促进人文素质教育课程理论体系的建立和完善。

另一方面，人文素质教育的教学评价也是高职院校人文素质教育课程持续专业化、科学化的必然要求。首先，人文素质教育教学评价以人的发展和社会发展的需求为尺度，对现实的人文素质教育进行价值判断，使人们摆脱盲目的被动，走向自觉的活动，不断挖掘人文素质教育的价值。其次，人文素质教育教学评价以人类和社会发展的需要为尺度，对人文素质教育持续发展的价值进行价值判断（高级价值判断），使人们预测和确定自己的努力方向，找出什么样的人文教育应该争取（或放弃），进而促进人文教育的不断专业化。最后，只有通过对人文素质教育的教学评价，才能规范人文素质教育的活动，实现人文素质教育的价值，从而促进人文素质教育的改革和发展，满足人的发展和社会发展的需要。

第二节　建立健全评价与保障机制

高职生人文素质教育需要经过漫长岁月的考验，要从制度与体系上加以促进、保障，才能为社会主义建设事业培养出数以亿计的劳动者、优秀的社会主义建设者和接班人。

一、建立科学的考核评价机制

人文教育的终极目标是使学生将人文知识内化为人文精神和做人、做事的基本素养。应建立一套评价机制，激发学生自觉、积极地加强学习，既要自觉地把人文教育转化为自我教育，又要提高人文素质，使学生取得满意的学习效果，并体现在学生的日常生活和学习中。因此，对学生人文课程学习的评价不仅要停留在学生对某一人文课程的接受或掌握的评价上，还要将学生的实际行动融入相关人文课程的评价体系中。

目前，我国高职院校人文素质教育评价存在三种主要方式：第一，人文素质教育是以辅修课或选修课的形式进行的，教学目标明确，学分确定后，学生可获得相应的学历证书和单科证书；第二，作为开卷或闭卷考试的必修课，学生不达标或不及格，不得毕业；第三，应采取课程评估与学生参与社会实践相结合的方法，借鉴我国香港、台湾等地的实践，规定学生每学期参加一定时间的社会公益活动，并由相关机构出具考核意见书，达到所要求的加分小时数，考核结果和成绩直接影响考核、晋升、入党甚至作为硬件指标，作为是否允许学生毕业或学生综合考核的依据。

一般来说，上述的三种评价方法各有优缺点。前两种方法简单易行，是教师愿意采用的评价方法，但笔者认为，这种思维方式下的人文素质教育是一种改变了的人文素质教育，因为在这种思维方式下，教师往往会在教学过程中传授更多的知识，增加学生的课业和学业负担。不能加强对学生人文精神的思考和培养，甚至在一定程度上增加了学生学习的功利色彩，效果甚微，甚至适得其反。第三个考核评价机制考虑到学生的社会实践活动，具有科学性和合理性，然而，笔者认为，这种评价机制也有一定的负面影响，如学生受教学管理制度的压力，经常弄虚作假，隐瞒自己的真实想法，自愿加分，参与公益工作等，这在一定程度上会使学生感受不到人文精神，更多的是对这种不合理的教育制度的仇恨和无奈。

建立一种科学的、现实的、可操作的评价体系和机制，笔者认为应该遵循以下三个原则：第一，机制的制定应着手于学生对人文知识的学习，以激发学生对人文精神追求的强烈愿望为立足点和落脚点。第二，评价的标准应是多方面和多维度的，不应量化、细化、固定、程序化和模式化。如学生的人文素养、人际关系、公益活动、社区活动、文化体育活动、艺术、演讲比赛、人文社会科学知识竞赛活动的参与和表现等，可作为评价的参数，由教师或学生相互评价等方式进行。第三，人文素质的评价不应该给学生形成过重的负担和压力，而应该体现一种人文关怀。例如，必修课、选修课和辅修课的考核，可以采用论文与社会实践相结合的形式进行，这将影响学生的综合考核成绩，但不会影响学生的初次考核、毕业和就业。

二、建立可靠的社会保障机制

高职院校人文素质教育有效实施，必须依靠全社会的共同关注和共同参与。加大教育投入，推进办学条件现代化。高职教育应在社会资源配置中占有更大的比重，为高职院校的素质教育提供坚实的物质基础。同时，要避免陷入高投入、低产出模式的陷阱，立足于与高职院校发展相适应的新途径，有效地将以片面的就业教育为中心的传统教育，转变为以人的全面、自由发展为中心的素质教育，形成社会投入与高校培训回馈社会的良性循环。这将大大提高教育投资的社会效益和经济效益。

形成正确的社会价值取向。美国学者托马斯认为，人的态度必然有其对象，因为所谓态度并不是独立的现象，而是与对象相对存在的，这个对象就是社会价值。社会价值包括正面价值和负面价值。社会中所有的制度、信仰和设施都是社会价值。态度是社会价值的主观方面，而社会价值是态度的客观方面。所有的社会价值都可以是态度的对象，个人可以是所有社会价值的态度对象，个人可以表达所有社会价值的态度。一些研究者指出，我国同时存在三种价值观：一是与计划经济体制相适应的集体主义价值观；二是随着市场经济体制的逐步建立，形成的重功利、重人才的价值观；三是在西方文化影响下形成的极端利己主义和绝对功利主义价值观。价值观的多样化导致了各种不同性质的价值观并存，集体主义价值观与超个人主义价值观并存，服务人民的价值观与拜金主义价值观并存等。不同价值目标的并存也对社会主义主导价值观形成了冲击，形成了一些价值虚无和迷茫的局面，导致了价值失范现象。由于市场经济固有的负面效应和一些学校忽视精神文明建设，导致价值观偏离了正确的轨道，物质欲望泛滥，个人主义和拜金主义盛行，社会风气恶化。全社会要积极弘扬爱国主义和集体主义，加强理想信念教育。

积极倡导以"八荣八耻"为核心的社会主义荣辱观。"八荣八耻"涵盖了爱国主义、集体主义和社会主义意识形态的丰富内涵，是中国传统美德与时代精神的完美结合，是以爱国主义为核心的民族精神与以改革创新为核心的时代精神的鲜明体现，为公民道德建设树立了新的标杆。胡锦涛同志指出，要把发展社会主义先进文化放在十分突出的位置，充分发挥文化在启迪思想、陶冶情操、传授知识、启迪民心方面的积极作用，努力培养有理想、有道德、有文化、有纪律的社会主义公民。在全社会大力弘扬爱国主义、集体主义和社会主义思想，倡导社会主义基本道德，促进形成和发展良好的社会风气。要引导广大干部群众特别是青少年树立社会主义荣辱观，坚持以热爱祖国为荣、以危害祖国为耻，以服务人民为荣、以背离人民为耻，以崇尚科学为荣、以愚昧无知为耻，以辛勤劳动为荣、以好逸恶劳为耻，以团结互助为荣、以损人利己为耻，以诚实守信为荣、以见利忘义为耻，以遵纪守法为荣、以违法乱纪为耻，以艰苦奋斗为荣、以骄奢淫逸为耻。

加强教学管理，引导学生认真学习人文课程。一方面，要结合专业教学调整教学计划，增加人文学科的必修课数量；另一方面，要挖掘教师的潜能，为教师配备有效的设备，有目的地增加人文教育的选修课，建立灵活多样的选修课制度，鼓励和引导学生选修。同时，要求和鼓励教师改进教学手段和方法，提高教学水平，增强人文课程的趣味性和吸引力，提高学生自觉学习人文课程的积极性。

建设终身教育体系。江泽民同志曾说："终身学习是当今社会发展的必然趋势。"一次性的学校教育已经不能满足人们不断更新知识的需要，要逐步建立和完善有利于终身学习的教育体系。学校要进一步向社会开放，充分发挥学历教育、非学历教育、继续教育、职业技术培训等功能。通识教育、哑教、成人教育和高等教育应强调相互联系和沟通，为学习者提供多种接受教育的机会。依托远程教育网络，覆盖全国城乡开放教育体系，为社会各类成员提供多层次、多样化的教育服务。从这方面可以看出，终身教育是对传统教育理念和理论的更新，突破了教育决定人生的观念，使教育不再是学校教育的代名词，学校教育不再是教育和学习的终结，而是一个新的开始。终身教育思想已成为当代充满生机与灵感的教育思潮，是 21 世纪教育发展的战略选择。

高职院校的学校教育应开展学习指导，使学生了解和掌握基本知识，掌握继续学习的基本技能，树立自觉学习的态度。要培养学生灵活的思维能力和创新能力；要磨炼学生高尚的情操和审美情趣；要保持和增强学生强健的体魄、健康的心理和良好的人格品质，以此适应未来学习、生活的变化和需要。知识技能的缺乏、情感的冷漠、艺术的无知、心理的扭曲、体质的弱化、人格的消失都会给终身学习带来麻烦，使人难以舒舒服服地度过一生。这就意味着，教育必须在提高各种素质方面取得平衡，应该以全面提高人的素质为目标，而不是简单地传授和接受知识。知识的积累和技能的获得固然重要，但更应注意提升自己的智力和精神，以适应不断变化的社会。否则，学生就会失去终身学习的基础，难以面对和适应不断变化的社会。

第三节　高职院校人文素质教育的评价内容

高职院校是培养高技能人才的重要基地，人文素质教育，尤其是职业人文精神教育，是高职院校教育工作的重要组成部分。科学评价具有指导性、规范性和先导性的作用，科学的评价体系的建立符合社会实际，是高职院校人文素质教育实施的重要保障。本节拟构建高职院校人文素质教育评价体系，并对相关问题进行探讨。

一、对高职院校人文素质教育整体建设的评价

在对学校人文素质教育进行评价时，不仅要对学校的指导思想、规章制度、办学理念等进行综合评价，还要对学生的素质进行综合评价。我们不仅要评价办学条件，而且要评价课程体系的建设。

（一）对高职院校人文素质教育整体规划的评价

人文素质教育的统筹规划是学校人文素质教育的重要组成部分，直接影响学校人文素质教育的质量和效果。人文素质教育的总体规划包括人文素质教育的定位、制度建设和办学理念。

高职院校人文素质教育的定位对学校的整体办学具有指导作用。高职院校应根据党和国家提出的人文素质教育目标和本校的实际情况，确定学校人文素质教育的总体规划和目标。制度建设是任何目标得以实现的重要保障，学校规章制度建设及实施情况是人文素质教育评价的重要评价指标。

学生培养方案中人文素质教育的比重、人文素质教育的财政支持以及学校专职人文素质教育教师的特殊引进政策体现了学校对人文素质教育的重视程度。

办学理念充分体现了学校领导在人文素质教育过程中的指导思想和决策水平，领导重视的程度直接影响着人文素质教育的发展进程，是实施人文素质教育的重要保证。

（二）对高职院校人文素质教育教学建设的评价

教学是高职院校人才培养机制的基础。人文素质教育的教学建设是提高学生人文素质的关键，包括环境建设、师资建设、课程建设和科研建设等。人文素质教育的环境建设主要是指校园文化环境的建设，良好的校园文化环境建设可以为人文素质教育提供良好的学习环境，增加学校人文素质教育的内容和实践机会。校园人文景观、学校地标性建筑、美术馆、展览馆以及图书馆和网络资源等完善的人文素质教育设施和场所，能够体现学校独特的文化内涵，为教育创造和谐的校园文化环境。

高校人文素质教育师资队伍是决定高校人文素质教育水平的重要方面。具有坚定的思想信念、优良的教学质量和互补功能的人文教育师资是实现人文素质教育目标、实施人文素质教育计划的组织保证。人文教育师资应包括思想政治教师、专职人文教师和辅导员。此外，教师的人文素质也是评价的重要组成部分，其外在表现，如知识、能力、外貌、行为等，都会对学生的人文素质产生深远持久的影响。

课程体系的构建主要体现在人文学科的完善性上，即分支学科是否完全开放。人文素质教育课程应建立多维度的课程体系，以文学课程、历史课程、艺术课程和语言课程为基础，辅以社会学、伦理学、人类学、宗教学、美学等课程，将所有课程纳入教学计划，纳入课程体系，以必修或选修的方式授课。通过对人文素质教育课程的评价，可以判断人文素质教育课程是否符合当前的教育目标，是否符合学校教学改革中师生的实际情况和需要，是否有利于学生综合素质的发展。人文素质教育的工作与人文素质教育科研建设息息相关，人文素质教育的科研建设主要考察人文教师的学术水平和科研能力。搞好人文素质教育的科研建设，可以利用人文素质教育的规律，促进科研成果的转化，指导人文素质教育的实践，使人文素质教育取得更好的成效。

（三）对高职院校人文素质教育活动建设的评价

人文素质教育的活动建设包括学术活动、校园文化体育活动和社会实践活动，能够反映高职院校人文素质教育的动态水平，直接影响学生人文素质教育的认知水平，对学生人文素质的形成产生潜移默化的影响。

校园学术活动和文体活动是人文素质教育健康持续发展的重要保障。学生是校园活动的直接参与者和组织者，学术活动，如人文讲座、学术沙龙和学术社团等，能够开拓学生的眼界，促进学生形成正确的价值观。健康向上的校园文化、体育活动可以陶冶学生的情操，正确激发学生的兴趣爱好。社会实践活动可以使人文素质教育贴近实际，最终实现人文素质教育目标，从而实现学生人文素质的提高。

（四）对高职院校人文素质教育成果的评价

人文素质教育成果是人文素质教育的集中体现，对人文素质教育成果的评价离不开对人文教育成果的评价。学校人文素质教育评价可以参考学生成绩评价、学校成绩评价和社会影响评价三因素。

学生的成绩主要涉及学生人文选修课的成绩、学生人文社会科学活动获奖情况和学生人文精神风貌。学生在人文课程和获奖活动中取得的成绩，在一定程度上反映了学校师生的人文素质，是人文素质教育的外现。学生人文精神是学生行为规范和思想道德的集中体现，是学校人文素质教育效果的核心部分。学生良好的人文精神能够体现学校的教育理念和理想追求，是学校内部素质和发展境界的要求。

学校的成绩主要体现在学校文化建设和人才培养体系方面。人文素质教育最重要的目的是育人，校园文化氛围具有文化引导功能，能使学生养成良好的习惯和行为。校风和校容是高校人文素质教育要素的综合反映，是高校人文素质教育目标的现实要求。学校精神和形象主要体现在校园人文氛围和师生形象两个方面，评价这一指标应加以考查师生精神面貌、校园文化氛围、学校影响力等。

社会影响主要是社会对学校人文素质教育的发展和声誉评价，社会对人才有其利益诉求和评价标准，因此有必要推动社会评价体系的发展，以提高学校的人文素质教育水平。一方面，可以总结经验，改进高校人文素质教育工作，提高办学水平；另一方面，它可以促进学校适应社会需求，为社会培养可用的人才。

二、对高职学生人文素质状况的评价

人文素质教育的目的是培养适应社会未来发展的人才，对学生人文素质的评价有利于学生全面发展，以适应社会需要为前提。学生应敏锐地意识到社会对学生人文素质的要求，这些要求应反映在评价指标体系中，以鼓励学生在满足这些基本要求的前提下,充分发挥自己的优势。对高职生人文素质的情况进行评价时,我们不仅要对高职生所接受的人文素质教育的三大模块进行分析,而且要考虑影响高职生人文素质教育的因素。

(一)人文知识的评价

人文知识建立于思想、气质和修养,人文修养是长期积累形成的个体相对稳定的内在品质。对学生人文知识的评价应包括学生对人文知识和专业文化知识的掌握、学习氛围的评价。了解学生对人文知识的掌握程度,不仅是对学生人文知识的考查,也是对学生人文知识的建立过程。人文知识涵盖历史、文学、哲学、艺术、道德、语言等,对学生人文知识的评价应考查学生对人文知识的掌握和运用,以及学生的学习和研究能力。专业文化知识是职业价值观形成的基础,高职院校对学生人文知识的评价应包括对专业文化知识的掌握。在人文知识评价过程中,应注意学生在学习过程中是否具有积极性和主动性,以及对人文课程的态度。良好的学习氛围能促进学生人文素质的提高。

(二)人文思维的评价

思维是人脑利用语言对客观事物进行概括或间接反映的过程,它是以知觉为基础但又超越知觉界限。思维是对事物的间接反映,它通过其他媒介来认识客观事物,并借助已有的知识和经验来预测未知事物。对高职生人文思维的评价,也是对高职生能力的一种评价,即高职生能运用自己已学的人文知识去很好地解决现实生活中遇到的各种问题,更好地表达自己的想法。

(三)人文精神的评价

人文素质教育的终极目标是培养学生的人文精神。人文素质教育在传授人文知识的同时,也培养了学生的人文意识和人文精神,使他们形成了正确的世界观、人生观和价值观。因此,对高职学生人文精神的评价应包括人文思想和职业价值观两个方面。人文思想的评价应考查学生是否具备职业理想和进取精神,职业价值观的评价与观察应关注高职院校学生是否具有职业高尚感和成就感。人文精神是整个民族文化品格的特征,是人文素质教育目标的重要组成部分,也是评价过程中的难点。

三、对高职院校人文素质教育教学过程的评价

对高职院校人文素质教育过程的评价应该全面分析人文素质课堂教育、校内活动和校外实践的开展以及实施情况。

（一）课堂教育

课堂教育是培养人文素质的传统模式，也是人文素质教育的核心。在评价课堂教育时，主要应评价人文课程、人文课程学时、校内活动与校外实践和教学效果。

1. 人文素质教育课程

人文课程是高职院校人文素质教育的重要组成部分。可以说，人文课程的质量将从根本上影响高职院校人文素质教育的成败。一般来说，人文课程包括核心课程和辅助课程。人文核心课程与学生专业密切相关，而辅助课程是指与学生专业没有太大关系的课程，只是为了提高学生的人文素养。以马克思主义理论这一专业为例，"马克思主义哲学""马克思主义政治经济学""科学社会主义""毛泽东思想""中国特色社会主义理论体系概论""伦理学""政治学"等课程都是人文课程中的核心课程，而且是每一个学习马克思主义理论的学生都必须学习的课程。辅助性课程又分为专业选修和公共选修两大类。专业选修包括"西方哲学史""中国古代思想史""社会学""中国近现代史纲要"，公共选修包括"教育学""心理学""教育心理学"等课程，学校还开设了一些选修课。另外，高职院校为不同年级设置了不同的培养目标，因此，新生开设的人文课程主要是培养学生的职业认同感和责任感；大二、大三，培养和提高社会责任感；大四，培训校外实践、论文答辩、毕业教育，联系实际，提高职业道德素质和整体素质。因此，评价者需要关注课程的系统性、理论性、逻辑性、课程的交叉整合性以及不同年级的课程差异。

2. 高职院校人文课程的课时数以及课程的实效性

人文课课时数的多少反映了一个院校对人文素质教育的重视程度，评价者在评价时要注意人文课课时的多少以及人文课课时在总课时中所占的比例，一般来说，人文课课时数应不少于一门专业基础课的课时。

授课的效果是指学生通过课堂接受人文知识的程度，也是课堂中实施人文素质教育的结果。评价者可以通过听课的方式来评价课堂气氛、学生的听课态度、老师的授课方式，从而给出一个正确的评价结果。

3. 高职院校开展的与之相关的校内活动和校外实践

校内活动和校外实习在高职院校人文素质教育的实施中具有不可替代的作用。校内活动主要包括讲座、文化艺术活动等形式；校外实践主要包括各种兴趣俱乐部活动、人文素质教育基地活动、社会实践活动等形式。校内活动和校外实习是高校人文素质教育的重要形式。对于长时间坐在课堂上的学生来说，校内活动、校外实习等教育形式具有很强的吸引力，能调动学生的主动性。同样，它的质量也直接影响着大学生对错的认知方向和水平。对这两个指标的评价取决于它们是新颖的还是传统的。

4. 对课程实效性进行评价

对人文素质教育效果的评价是整个人文素质教育评价的落脚点，也是评价体系中的重中之重。高校人文素质教育的全过程一般要通过人文素质教育效果表现出来，评价一所院校人文素质教育工作的好坏、优劣是对此院校的人文素质教育状况的总结，其实也就是评价学生在接受人文素质教育后自身的人文素质提高了多少，人文素养达到了一种什么样的水平。

（二）高职院校人文素质教育校内环境的评价

与其他方面相比，人文素质教育效果的评价是最难的，评价者受主观因素的影响，仅凭直觉是不可能做出正确评价。人文素质教育的效果是隐性的、不确定的。一方面，在接受人文教育后，很难观察学生的人文素质是否以及在多大程度上得到了提高；另一方面，人文素质教育的效果只有在一定的环境条件下才能体现出来。例如，在学校里，环境相对舒适，学生的人文素养会被隐藏；在社会中，由于社会环境的压力，学生的人文素养往往会被显露。因此，在评价人文素质教育的效果时，一方面要对在校大学生的素质进行评价；另一方面要对在校大学生的社会状况进行调查，即下文所述的内部和外部评价。

在对大学生进行评价时，可以通过考试、座谈和问卷调查等方式对大学生的政治素质、道德素质、法律素质、外交素质、心理素质和文化素质进行评价。

政治素质的评价主要是评价学生的政治态度、政治心理、政治情感和政治价值观，检验学生是否具有坚定的政治理想和信仰，是否自觉承担公民的各种社会责任。道德素质的评价应注重对学生道德价值观、社会道德和社会历史责任的评价。法律素质的评价主要是评价学生是否具有法律意识观念，是否用法律约束自己的行为，是否能运用法律知识尊重和维护自己和他人的合法权益。外交素质的评价主要考查学生是否具有一定的社会知识、人际吸引力、人际交往能力和社会活动能力。心理素质的评价应以评价学生是否具有健全的认知能力、适度的情绪反应、强烈的意志品质和和谐的人格结构为重点。文化素质的评价应注重对学生文化信仰、文化交际能力、文化鉴赏能力、文化感知能力、语言语法素养和写作能力的评价。

（三）高职院校人文素质教育校外环境的评价

在对进入岗位的毕业生进行考核时，所采用的考核方法与学校不同。因为他们已经不在学校，不能面对面评价，只能通过调查咨询的方式对校外学生进行评估。

学校产生的具有社会影响的人物在一定程度上反映了学校实施人文素质教育的效果。首先，单位招聘员工不仅需要有较强的专业知识，还需要具备一定的人文素质。如果一个大学的就业率比较高，那么在一定程度上，实施人文素质教育的效果也是很好的。其次，在就业领域也是如此。如果学生的就业单位是一个对人文素质要求较高的单位，如政府、银行、大型外资企业等，这也说明大学在实施人文素质教育方面是成功的。最后，具有社会影响力的人物。其地位和声誉不仅来自对其专业知识的认同，也来自对其人文素质的认同和对社会的贡献。他们成功的基础是在大学里培养起来的，因此，有多少院士、知名专家和高级人员在大学中诞生，在一定程度上说明了学校在实施人文素质教育中的作用。因此，在评价学校人文素质教育的效果时，应关注学生就业率、就业领域和社会上有影响力的人的数量等。

第四节　高职院校人文素质教育评价的特点和原则

高职院校和我国的普通高等大学有着一定的区别，因此在对高职院校人文素质教育的评价特点和原则进行分析时，要做出一些有区别的考虑。

一、高职院校人文素质教育评价的特点

第一，评价主体多元化。在对高职院校学生人文素质教育进行评价时，要秉持客观公正的理念，综合各方面的意见和建议，进行全方位和多层次的评价。这就要求学校人文素质培养评价的主体要多元化，既包括学校管理部门、专职教师、辅导员、学生，也包括相关社会组织和成员，尤其要关注的是学生在企业岗位实习期间，学生职业人文素养要由学校和企业指导老师双方进行评价，以此来得出比较客观、公正的结论。

第二，评价方式多样化。人文素质教育评价既要注重结果，也要重视过程，评价方法要注重多种方式相结合。一是教育效果的全方位考察，结合定量评价与定性评价；二是关注评价过程的连贯性和持续性，将静态评价与动态评价相结合；三是加强教育过程评价，结合过程评价和结果评价，为教育结果提供科学、合理的过程依据。

第三，评价内容全面化。建立高职院校学生职业人文素质的评价体系，是高职院校开展人文教育必不可少的重要环节。人文素质教育的效果通过高职学生的人文素养来体现，为此要建立科学合理的考核评价机制，为落实人文教育的实效性提供重要的保障。当前高职院校的评价制度存在偏差，对于具体技能的训练和考察的偏重，不利于发挥评价机制对学生发展职业人文素养的指导作用。在评价内容上，人文素质教育的评价内容应纳入到教育全过程。因为人文素质教育的内容具有深厚的文化底蕴和鲜明的时代意义，符合高职院校的培养目标和学生自身不断发展和完善的要求。对学校的评价同样要从整体出发，综合评价教育思想、教学质量、管理水平、社会影响等方面。对学生层面的评价，不仅要涉及人文知识的考查，更要注重学生个体人文素质和人文职业精神的测评。此外，系统的评价指标体系还应顺应时代发展而不断调整内容。

二、高职院校人文素质教育评价的原则

正确科学的评价指标是强化高职学生人文素质教育的关键。在确定高职学生人文素质教育评价指标时，应该遵循几个基本原则。

（一）动态评价与静态评价相结合的原则

根据评价的目的，在不同的时间点对评价主体进行评价，可分为动态评价与静态评价。静态评价主要考虑被评价主体的即时状态和结果，例如，评价某一时间点的高职生的人文素质。动态评价是对高职生在接受教育前后人文素质的变化进行的评价，侧重的是被评价主体在一个时间段内前后的状态和结果。

动态评价有两层含义：一是为了了解学生认知能力和认知历程的动态变化潜力和能力，跨越多个时间点对学生进行观察，评价学生的进步与改变，可应用"评价—素质教育介入—再评价"的程序；二是评价者与被评价者之间发生大量的互动，强调将评价与教学结合，实施个体化的诊断评价与教学补救。经过充分的沟通与互动的交流过程有利于对学生教学反应与学习历程的持续评价。

动态评价与静态评价之间具有相关性，某一时间段中，前后两个时点的静态评价结果比较可以反映该时间段内评价主体的动态评价结果。应用静态评价和动态评价方法，可根据具体的评价目的考虑，即侧重于某一时点还是某一时段人文素质教育的效果。

（二）全面评价与重点评价相结合的原则

在进行评价时，为了突显人文素质教育在高职生各方面培养的效果，要全面评价高职生在各方面的表现。通过高职生的课堂表现、独立作业、阶段性学习测验等，考查高职生对大学英语知识技能的掌握情况；通过角色扮演、口头陈述、电子邮件交流、网络探究、英语演讲等活动方式，考查高职生语言表达能力和语言交际中的文化意识；通过完成小组主题设计活动作品，考查高职生解决实际问题的能力，与同伴的合作能力、探究能力和创造能力；通过问卷调查、展示记录个人英语学习历程的电子学档活动，考查高职生在整个英语学习过程中所表现出来的认知策略、调控策略、资源策略，学习兴趣、态度情感方面的变化，以及对阶段性学习进行自我反思的情况；通过网络自主学习及在线测试记录，考查高职

生投入英语学习的时间、学习的质量、参与在线讨论的情况和学习的效果等。

在评价过程中，根据评价内容的不同，具体选用不同的收集信息方法。例如在信息收集阶段可采用表格测评法、走访座谈法、抽样调查法、问卷调查法、资料查阅法，以及现场观察、观摩法等。在信息整理阶段主要采用比较参照法、统计综合分析法、反馈调整法等。在结果汇总定性阶段主要采用模糊综合测评法和评分、评语综合法。

（三）定性评价与定量评价相结合的原则

目前国外已经发表了大量高质量的高职院校人文素质教育研究方面的文章，但国内高职院校领域的定性研究并不多见。目前，我国对于高职院校人文素质教育研究大多侧重于方法学探讨，使用定性研究方法开展高职院校人文素质教育的研究本身具有大量的不可量化的人文信息。

定性与定量研究方法相结合的常用模式有三种。一是序贯结合：先找出问题然后再进行调查，用定量方法找出关键的问题，再用定性方法进行调查；或者先进行探索性研究找出参考变量，再采用定性方法。二是平行结合：同时采取两种方法，优势互补。三是两种方法在微观的方法层次上进行结合：例如在一个相关的应答者样本中进行焦点组访谈，为一项调查问卷的设计或验证拟订一份草稿。

有效地结合定量研究与定性方法，既有科学的数据又有研究方法，以此来提高教育的有效性。定量研究侧重于比较"率"和终点结果，而定性研究侧重于通过沟通交流了解他们的观点和感受。在许多大的研究项目中，研究问题经常会采用两种方法加以应用。高职院校人文素质教育研究的方法必然是提倡定性与定量研究相结合的。

从总体来看，要坚持内部评价与外部评价相结合、定性评价与定量评价相结合、经常性评价与定期评价相结合、静态评价与动态评价相结合、客观性评价与激励性评价相结合的原则。

素质教育的评价体系一直是高职院校人文素质教育工程中的一个重要课题，同样，也是人文素质教育工程中的薄弱环节，在这方面仍然存在着许多困难，有待克服。但是相信在教育界的重视和相关部门的努力下，这项工作一定能全面完成。

第五章 高职生人文素质全面发展

高职生人文素质教育的全面发展是高职院校开展人文素质教育课程的出发点和落脚点。笔者重点从加强高职生的道德素质、心理素质、美育素质、科学素质等四个方面进行论述，此外还阐述了高职院校应该从哪些方面加强高职生的人文素质教育。

第一节 高职生道德素质的发展

笔者认为，道德教育是人文素质教育的中心。高职院校在加强对高职生进行人文素质教育时，首先应该注重对高职生的道德素质教育。

一、高职生道德素质教育的重要性

道德素质教育是教人们怎么按照一定的道德标准来处理个人与社会的关系，什么是做人的行为准则，是人的道德意识与具体行动中的道德行为的一致。教育的目的主要有两个，一是教人做人，二是教人做事。做人和做事二者相辅相成，好好做事是做人的最终目标，好好做人是做事的前提，只有学会了怎样好好做事，才能体现出做人的意义。高职院校道德素质教育是在国家基础教育的基础上，进一步提高学生做事的能力和做人的标准。学生要想在成长之路上获得成功，首先得学会如何做人，简而言之就是得有良好的道德基础。

（一）高职生适应社会的基本要求

人是群居动物，人的群居性导致人不能远离人群独自生活。同理，在当前的社会环境中，我们也不能完全抛开一切社会关系独自生存，我们要想在当下的社会中好好生存，就得学会适应当前的社会环境，提升自己各方面的能力，尤其是核心的道德素质。目前，所有高职生都面临一个严峻的问题就是，国家对我国的社会主义建设有了新的标准，对建设社会主义的人才也有了新的要求，尤其是在道德素质方面。根据新的要求，为了不被时代抛弃，高职生也应该按照国家所需要的社会主义人才道德标准，自觉提高自身的道德素质。

（二）高职生人文素质发展和完善的需要

道德素质是区别人和动物的基本特征之一。在人类社会中，为了社会关系的稳定发展，人们总有普遍而又制约俗成的规则来共同遵守，这个规则便是道德。在日常生活中，人们对某个人行为的评价，除了法律规定的标准外，还有道德素质的评价。我们时常会听到人们对某些道德缺乏的人说："你还是人吗""做个人吧"等，这也从侧面反映了人们对道德素质的重视程度，道德素质是评判一个人的标准。

现在，社会生产力进一步发展、生产关系的进一步完善，促进了人类道德的完善。个人发展除了各方面能力的发展，也越来越重视道德素质的提高，道德素质的提高也成为影响一个人完整世界观形成的重要因素。

（三）高职生成长成才的动力

良好的道德素质在学生成才的过程中能起到积极的引导、激励作用，能帮助学生树立正确的三观和明确自己的理想，并激励、促使学生为实现自己的理想而不断奋斗、拼搏，增加学生成才的自信。此外，良好的道德素质还能为学生努力奋斗指明方向，让学生正确认识自己和实际，避免学生在实现自己人生理想的过程中误入歧途。

（四）高职生的立身之本

在社会中，人的道德素质的高低各不相同，但从整个社会的发展轨迹来说，人们的道德素质总体呈现不断上升的趋势。高职生相比其他未受过完整教育的社会群体来说，拥有相对较高的文化素养和道德素养；而面对越来越重视道德素质的当今社会，高职生仍然需要不断提高自己的道德素质，加强道德素质方面的培养，努力跟上时代的步伐。

二、加强思想道德建设是人文素质教育的核心

思想道德存在于个人素质的各个方面，是个人综合素质最基本的要求，是一个人学会如何做人的基础，也是我国对社会主义建设者和接班人的最基本的要求。所以，加强思想道德建设对于高职教育来说至关重要。思想道德建设主要包括三方面的内容：一是帮助学生树立正确的三观，用马克思辩证唯物主义的世界观及其方法论去看待问题、分析问题，并且解决问题；二是坚持为人民服务的宗旨，始终把人民放在最高的位置，全心全意为人民服务；三是坚持社会主义，坚持正确的政治立场和观点，从广大无产阶级的利益出发考虑问题。

（一）树立正确的教育观念

思想道德建设工作对高职院校来说是一项长期的且必须系统化的工作，且位于学校工作的首要位置。一个学校的思想建设工作开展得怎么样，在这个学校的各个工作中都有所体现，学校在教学、管理和对学生发展的规划上都能体现思想建设工作的成效。所以各高职院校在进行思想道德建设工作时，要把这项工作落到实处，使其落实到学校的各项工作中去。值得注意的是，在开展思想建设工作的时候，尤其要注意避免只喊口号、不干实事的事情发生，要密切关注学生的思想建设情况，完成我国对社会主义人才的思想建设培养要求，使高职生成为"四有"青年。

（二）形成完善的道德素质评价机制

思想道德建设工作是高职生教学工作的重点，可以通过建立相关的运行评价机制，让高职院校和高职生把加强思想道德建设工作化被动为主动，转变固有观念，人为促进素质教育的进度。完整的素质教育评价机构应该包含三个方面的内容，分别是专业业务评价、行为表现评价、个性心理评价。而对于思想道德的评价，则不应该是独立存在的，而应融入三个评价指标之内。并且如果仅考虑部分指标的话，就有可能造成对思想道德的评价出现误差，反而起到反作用，不利于高职生完整人格的形成。

（三）发挥教师的主导作用

学生大部分时间都在学校度过，在校时与教师的接触又最为密切，教师的言行举止会在不知不觉间对学生的思想产生影响，从而影响学生的行为。所以在思想道德建设工作中，要充分重视教师对学生的示范、引导作用。

"才者，德之资也；德者，才之帅也。"教师不应该只是对知识的传道解惑，更应该启发学生对人生的思考，成为学生思想道德建设的引路人，培养学生的思想道德，为社会主义现代化建设培养德、智、体、美、劳全面发展的优秀建设者。

（四）开展丰富的社会实践

国家提出了"四个统一"的要求，即坚持学习科学文化和加强思想修养的统一，坚持学习书本知识与投身社会实践的统一，坚持实现自身价值与服务祖国人民的统一，坚持树立远大理想与进行艰苦奋斗的统一。开展社会实践活动，在劳动中培养学生的思想道德，是加强学生思想道德建设的手段，也是让学生切实领悟"四个统一"具体含义的必要手段。只有从理论走向实践，学生才能真正领会什么是"四个统一"。

"四个统一"既是对当代学生综合素质的要求，也体现了"实践是检验真理的唯一标准"这一特性，只有通过不断实践，学生才能不断提升自我，对社会、世界、自身价值有一个明确的认识，并为实现自我价值而不断努力奋斗，无愧于党和人民。

三、高职生道德素质教育的主要内容

德国教育学家赫尔巴特认为道德教育是教育的根本目的和核心，我国自古以来就有"德才兼备"的说法，且把"德"放在"才"前面，"德"重于"才"。从东西方对"德"和"才"的重视程度来看，皆可体现道德素质教育对于人才培养的重要性。

（一）爱国主义教育

爱国主义是中华民族在经历五千年文明后形成的，具有中华民族特色的民族精神之核心。对于高职学生来说，学习爱国主义的有关知识，有助于帮助学生激发爱国情怀，形成为祖国建设而自愿奉献的爱国精神。

（二）共产主义教育

我国是社会主义国家，但是目前还没有实现共产主义，仍在为实现共产主义而努力。共产主义是人类社会体系中最理想的社会制度，对高职生进行共产主义教育，有助于他们树立正确的共产主义观念，培养良好的社会责任感，帮助其成为中国特色社会主义的优秀建设者、接班人。

（三）集体主义教育

集体主义既是建设社会主义精神文明的标志，又是共产主义道德的核心。对于高职生来说，加强集体主义教育，既能帮助其自身形成集体精神，又能推动当前社会的精神文明建设，对实现中华民族的"中国梦"有着积极意义。

（四）法制观念教育

法制，是统治阶级运用法律手段治理国家的基本制度和方法。法制观念，简而言之就是人们对法律的重视程度，不同的人对法律效力的重视程度不同，他们的法制观念就不同。越重视法律的效力，则法制观念越强，反之亦然。加强高职生的法制观念教育，有利于学生明确对法律的清晰认识，这既有助于国家推动落实依法治国的方略，又能让学生学会利用法律维护自己的合法权益，推动社会主义民主进程。

四、完善高职生道德素质教育的方法

教师在道德素质教育中对学生起着言传身教的重要作用，完善高职生道德素质教育可以从学校到班级，班级到个人，依次开展。

（一）优良校风的指引

教育家匡亚明认为，优良的校风有 5 个重要的组成部分，分别是高度的政治空气、高度的文娱体育空气、高度的学术空气、高度的社会主义团结与文明空气以及高度的生产劳动空气等。在这些组成部分中，教师对于学生来说发挥着积极的引导和示范作用。因为校风的体现是多方面的，因此在开展道德素质教育活动中，要注意形成良好的校风。良好校风的形成，又有助于道德素质教育活动的开展。

（二）重视班风建设

班级是学校组织的基础形式，良好的班风能为学生提供一个良好的学习环境、学习氛围，有助于学生集体意识的形成；不好的班风会影响学生的学习环境，并且非常不利于学生正确三观的树立和集体主义精神的培养。良好班风的形成需要一个长期的过程，这个过程需要师生共同努力，教师要在班级建设中起到引领、指挥作用，也可以通过选拔、培养学生干部的方法推动班风建设工作。

（三）学生道德素质教育

每个人都是独立的个体，每个人的道德素质各有不同，如何对道德素质各不相同的高职生进行道德素质教育，是教育界的难题。评判道德高低的准则，只有真正被学生体会过、认可时才能真正被学生接受，成为学生真正的精神财富。但是，什么样的道德准则才能被高职生认同呢？

首先，从哲学角度来看，体验是道德教育的本质，具有合法性、融洽性、自足性等。道德体验是有独有特点的道德教育，道德体验即道德教育的真正含义。根据这一特点，我们要充分重视高职生的道德体验，让其回归道德教育的本质。

其次，道德素质教育的根本目的是让人有明确的世界观、人生观、价值观，让人明白人生的价值、自己的人生追求，而不是单纯地为了完成一个教育目标。这一过程充分体现了"人性"，这就要求我们在进行道德素质教育时要以人为本，转变高职生在道德素质教育中的地位，变被动为主动。

最后，道德素质教育也是一种对精神世界的关怀，在对高职生进行道德素质教育时，教师要对学生倾注关怀，尤其是对弱势的高职生。对弱势群体的关怀程度是评价一个社会文明水平的重要指标。弱势的高职生因外部因素的影响，精神世界更为脆弱，需要教师更多的关爱。

总的来说，教师在加强高职生的道德素质教育工作中发挥着至关重要的作用。教师也要认真完成自己的本职工作，积极协助学校开展道德素质教育工作，培养高尚的师德。

五、高职院校德育目标素质化的教育措施

在过去的德育工作中，总是存在着"假、大、空"的工作作风，形式主义盛

行，进而导致德育工作的实际收获效果不大。为了避免以往德育工作中存在的问题，高职院校对德育工作进行了改进，提出了德育目标素质化。

什么是思想道德素质化？根据人们对什么是素质给出的定义我们可以了解到，素质是在先天和后天的共同作用下形成的较为稳定的基本品质。如果说这个人的品行表现不稳定、有波动，我们可以认为他的品德还没有素质化；只有品行表现稳定，经得住时间和外部环境的考验，才能说这个人达到了"品德素质化"的标准。

内在性是素质的基本特性，它决定着素质的形成一定是个内在的过程，即将外部事物转化为内在的东西，化被动为主动。例如，道德准则是外在的事物，如果这个道德准则被学生认可，那么学生就会自觉按道德准则行事，这就是道德内化的过程。

我们可以从中看出，道德内化会影响思想品德素质化，教育者若是想加强对学生的思想道德素质教育，就得了解道德内化的过程。

（一）道德信念的形成是道德内化的核心

一般来说，我们会按照四分法来展示道德的框架，即外在的"行"，内在的"知""情""意"。由于以前的德育工作更重视认知和行为，认为道德行为是怎样的，道德认识就是怎样。这样的归类方法简单粗暴，现在看来是非常不合适的。例如，学生明知道校规是怎样的，但是仍然会触犯校规，即使经过教育也不一定会改正，这就体现了道德行为和道德认知不一定有直接关系。仅重视四分法里的"行"和"知"，是达不到道德素质教育的理想目标的。所忽视掉的其他部分，正是道德内化的根本原因。

在研究四分法时，我们会碰到一个新的心理概念，即道德信念。道德信念不是单一的心理成分，而是道德情感、道德意志、道德认识的统一，它是推动人产生怎么样的道德行为的内在因素，是道德动机的高级表现。

道德内化有助于道德信念的形成，学生对道德准则的认识是一个从被动到主动的过程，在对道德认知有了了解后，不断地亲身体验，逐步发展成为道德需要。由于在不断的实践过程中对道德有了自己的认知，再加上道德情感的增强，人们就会形成正派的道德意志，从而抵消不正义的道德因素。这个道德认知、道德情感、道德意志转化为道德信念的过程就是道德内化。

因为道德内化是由外而内的转化过程，所以寻找道德内化的方法就得从外部作用的条件和自身内部因素里获得。

（二）优化外部条件促使道德内化

第一，对学生动之以情。人是情感动物，以情让学生感受到道德的温度，教师对学生的关怀和爱，能让学生直观地感受到什么是情感教育，这会在无形中让学生受到影响，起到道德教育的作用。

第二，对学生晓之以理。情能让学生受到道德熏陶，理能让学生明白道德的内涵和其存在的意义。学生都是有活力的年轻人，若是在进行道德教育时采取强制措施反而会遭到学生的反感，而以理将道德教育融入学科的教学中，更能起到潜移默化的作用。

第三，对学生起到榜样示范作用。榜样能给学生树立一个正确的学习方向，让他们明白什么样的道德行为才能受到人们的认同和学习。榜样的独特人格魅力和闪光点，能激励学生向他们学习，从而起到道德模范的作用。

第四，为学生营造一个好的情感氛围。除了内在因素的影响外，外部环境对学生的道德素质的形成也有着重要影响。例如，为学生创造一个具有浓烈爱国情感的环境，并在这样的环境下进行爱国主义教育，则会起到事半功倍的效果。

第五，制定科学的制约条例。除了正面教育和对学生进行疏导外，也要制定科学、合理的制约机制，从法律法规、校训校纪等规章制度上对学生强调道德的重要性，也有助于道德内化的形成。

（三）自我教育是道德内化的关键

因为道德内化是学生的内在情感变化的过程，所以在进行道德内化时，充分发挥学生的主观能动性非常重要。我们依然以四分法和道德信念形成的过程为引导，在研究自我教育的过程中，调动学生应该发挥的主观能动作用。

第一，充分发挥学生在道德认知中的主动性。道德认知不等于道德认识，道德认识是自我教育的基本认识，但是道德认知必须由认识转化到认同。所以在进行道德素质教育时，教师单方面采取"填鸭式"的教学对学生的指导作用不大，而要引导学生对道德准则进行思考，将个人与社会统一起来，有需要时还可要求学生亲身体验，这样才能帮助学生实现道德认知。

第二，让学生学会"自省"。自省是学生对自我的认识和评价，通过对已发生的道德行为的自我反省来增强自己的道德情感，在这个过程中学生也会对道德准则有新的观点和看法。在思想道德素质教育的过程中，教师应该给学生一个"自省"的机会，让学生自己意识到自己的错误并进行自我引导和改正。

第三，加强学生的自制力。自制力是道德意志的体现，自制力的高低也是道德意志强弱程度的体现。自制力强的学生会在整个道德行为的过程中控制自己的行为，并进行自我调节，避免产生错误的道德行为。

在控制论来看，自制力经过一系列的道德内化就会成为道德信念，发挥控制道德行为的作用，自省则是对道德信念的一种强化行为。所以自制和自省是两个不同的方面，它们之间既相互联系，又相互影响。为了增强道德信念，可以设置警戒标语等，起到一个强化信息的作用。

从自制的角度来看，自制的对立面就是"需要"。需要是人产生一系列社会行为的主要原因，学生的自制实际上就是能不能控制当时所产生的需要的情绪。所以如果要加强学生的自制力，就得明白他们需要的是什么，尽可能调节需要和现实的关系，正确处理个人与社会的关系，实现统一。

（四）交往和实践的磨炼与道德素质

素质的形成是多方面因素共同作用的结果，且具有主体性、实践性的特点。道德准则是对人和外部环境关系的一个系统的规范，道德须在社会实践中才能真正得到体现，要培养学生的思想道德素质，就必须把教育融入社会实践中。

因为社会环境的复杂性，学生在具体的实践过程中难免会受到正面或负面的影响，我们必须承认环境的多样性，学校应该尽可能地为高职生营造一个良好的道德氛围，尽可能减少外部环境给学生带来的不良影响，并积极开展有意义的集体活动。要密切关注学生的思想道德素质，对思想道德素质低下的学生进行积极引导。此外，由于学生主观能动性的影响，也应该教导学生有选择性地交友，避免不良的交友带来的影响。

尽管环境是多样的，但是我们可以在具体实践中积极引导学生，帮助学生在实践中成长，使学生形成稳定的、积极向上的、正确的思想道德素质。

第二节　高职生心理素质教育

心理素质看不见、摸不着，但是它与我们的身体健康、生命安全息息相关。现在，随着快节奏的生活和各方面压力的加大，许多没有经历过挫折，心理素质不高的学生在面对困难时会采取极端的方式。

一、高职院校实施心理素质教育是时代的需要

当前，高职生在人际关系、学习、就业等方面的心理问题已经十分集中和突出，不论是时代发展、素质教育、人才培养还是德育工作的需要，都要求必须加强心理素质教育，应鼓励教师学习相关知识、建立专门的教育机构、开展科学研究、丰富教育内容、发动社会各方力量以全面推动和实施心理素质教育。

（一）时代发展的需要

改革开放给我们的经济发展带来腾飞；同时，社会有了新的特征，即"三高"——高科技、高竞争、高效率。这"三高"要求人们工作效率更高、竞争更激烈，同时也意味着人们要以更快的节奏去面对生活，这要求人们的心理素质也要更加坚强，才能面对这种快节奏下的压力。

（二）素质教育的核心

素质教育要求学生德、智、体、美、劳全面发展，《中国教育改革和发展纲要》指出："全面提高学生的思想道德、文化科学、劳动技能和身体心理素质，促进学生生动活泼地发展。"心理素质不是全面发展里某一个片面的素质，它对其他素质的发展也有着重大影响。例如，学生的学习成绩会受其本身心理素质高低的影响，学生的心理状况也会影响他们的学习态度和遇到问题时的看法。所以心理素质对学生的健康成长有着至关重要的决定作用。

（三）人才培养的要求

我国已经进入知识经济时代，对所需要的人才提出了更高的标准，更重视人才的心理素质是否过关，以满足高速发展的经济的需要。所以教师除了传授学生

专业知识外，也要注重对学生心理素质的培养，让他们懂得如何承担压力、化解压力，使其满足时代对人才的要求，为社会主义现代化建设培养优秀的建设者和接班人。

（四）德育工作的补充

心理素质教育也是德育工作的一部分，但是一直以来为人们所忽略。心理素质教育能帮助学校了解学生的心理，了解其需要，进而有目标、有针对性地开展德育工作，进一步提高工作效率。此外，优秀的心理素质和良好道德的形成会相互促进、相互作用。

二、高职生良好心理素质的界定

近年来，一些高职院校通过对学生心理素质教育理论和实践的不断研究，逐步认识到对于心理素质教育应该采取"防患于未然"的态度去采取措施，不能等学生已经有了心理健康问题之后才去对其进行关心，而是应该在平常的教学工作中就有意识地提高学生的心理素质。然而，这仅仅针对的是高职生心理素质教育观念上的一种创新，对于心理素质教育的目标，即高职生怎样才算是具备良好的心理素质，以及如何开展心理素质教育，教育界一直缺乏系统的界定和深入的探讨。笔者结合多年的学生工作经验和理论研究工作，对良好的心理素质标准给出了描述性的框架。

（一）保持学习的兴趣

具有良好心理素质的高职生能保持对学习、研究较浓厚的兴趣，有高速处理信息、数据、知识的能力。正常的智力是人进行一切活动的基础和前提，学习是学生的主要内容，但是只有心理素质好的学生才能懂得珍惜学习的机会，保持强烈的求知欲，克服学习中的困难，从学习中体验满足与快乐。在兴趣之上我们还要进一步培养高职生的能力，因为知识经济使知识信息传播手段发生了改变，知识更新周期更短，知识经济正在逐渐取代以往的资本经济，在世界经济发展中所占的比重越来越大，所以更应该培养学生利用知识进行创新的能力。

（二）自我意识正确

自我意识是指学生对自己的认知以及自己与周围事物关系的认知，对于心理素质高的学生来说，他们的自我意识则更加清晰，能清楚地了解自己，做自己力所能及的事情，且不会妄自菲薄。挫折包含挫折来源和挫折感受，高职生出于内在或外在需要，有了比高中生更深、更广的要求，遭遇各种各样的挫折的机会也会随着目标的提升而增加；心理素质好的高职生碰到挫折时能更好地分析现状，寻找适合目前情况的最优解，化挫折为奋斗的动力。

（三）能协调与控制情绪

情绪对人的健康、工作效率、人际关系等都有影响。愉快乐观的情绪能给人带来积极的影响，让人对生活充满希望，以一个乐观的态度去对待事物。即使出现悲伤、失落等消极情绪，只要能积极有效地调节，都是心理素质较好的表现。心理素质好的学生，能对自己所处的环境做出客观的评价，及时调整自己消极的心态，和社会保持一个良好的接触关系，使自己的行为与社会的需要达成一致。

（四）保持和谐的人际关系

意志是指人有选择地做出最终行为的心理过程，坚定的意志表现为这个人在自觉性、自制力等方面都有较好的表现。对于高职生来说，拥有较好的心理素质，他们就能在遇到问题时理性控制自己的言行举止，而不是凭本能、冲动地做出选择。此外，人际关系的好坏也能反映出这个人心理素质的高低。心理素质好的人更容易和他人和平相处，给予别人关爱，接受别人的善意，并有较高的集体荣誉感，能共同协作办事。

以上提及的四项要求依次提高，其中，自我学习、科研能力的提高是对一个高职生的最基本要求，也体现了高职院校为国家培养人才的初衷。同时，学生时光是高职生踏入社会前的最后一次准备，同时也是最充分的一个积累过程，因此它起着承上启下的关键性作用；在这个过程中，除了学习知识外，对于未来的自我认知，对于挫折的正确对待都是至关重要的。随着知识经济的大发展，不管是在学校还是社会工作中，团队协作都越来越重要，因此，对高职生自控能力和自我解压能力的培养就成了更高层次的要求。高职教育的最高目标，是要培养高职生优良的意志品质。

三、高职生心理素质教育目标

学生心理素质薄弱已经成为当代高职教育中一个不容忽视的问题，向心理素质教育亮了红牌。学生心理素质状况，关系到高职院校学生素质教育的发展。加强学生的心理素质，保证学生的心理健康，是高职院校工作的重中之重。

（一）树立明确的高职生心理教育目标

心理素质是在先天遗传的基础上，受后天教育和外部环境影响而形成的，包括人的智力因素和非智力因素，所以对高职生进行心理素质教育并不是一件轻松的事情。就当前而言，要想提高高职生的心理素质，就得让高职生树立正确的三观，培养他们的抗挫折能力。

第一，帮助学生树立正确的三观和理想。帮助高职生树立正确的三观和理想是开展心理素质教育的基础和前提，只有树立了正确的三观和理想，高职生才能产生学习的动力，主动面对问题、解决问题。在对高职生进行心理素质教育时，要让他们把自己的理想和现实的学习相结合，这样正确的三观才能对他们的生活起到调节作用，保证他们的心理健康。

第二，培养学生的自我调控能力。高职生对自我情绪的调控能力，是他们心理健康的重要保证。人的抗压能力不同，如果高职生遇到一点问题就难以自我调节情绪，意志崩溃，这非常不利于他们的心理健康。在高职生遭受挫折时，我们要给予他们正确、积极的引导，帮助他们认识挫折、走出挫折，培养他们的抗挫折能力，让他们从挫折中吸取经验，化挫折为动力，下次出现类似的情况能自我调节情绪，走出困境。

第三，培养高职生良好的性格。性格能反映一个人的心理情况，培养学生良好的性格是人类教育的目标之一，良好的性格有助于学生在以后的生活和工作中更容易被他人接受以及接受其他人或事物。因为高职生正是处于性格发展的关键时期，任何外部事物的影响都有可能影响他们性格的形成，因此学校要寻找合理的途径，科学地培养高职生的思想道德素质、加强学生的心理素质，尽可能引导学生积极向上发展，让学生形成阳光、乐观的性格。

（二）高职生心理素质教育途径选择

选择一个好的心理素质教育途径对提高高职生的心理素质教育有着非常重要的影响。根据我国目前高职院校高职生心理健康的实际情况，可以从以下几个方面改进：

第一，为学生创造良好的校园文化环境。高职生的心理健康成长会受到校园文化环境很大的影响，良好的校风、正能量的活动、干净整洁的学习环境都会直接或间接地影响高职生的心理健康。一个好的校园文化环境会在无形中对学生进行影响，并激励学生好好学习，减轻学生的心理压力，形成良好的心理素质。

第二，为学生创造良好的人际关系环境，人际关系的好坏反映了一个人的心理健康状况好坏。心理研究表明，人对于爱、关心等人际交往活动产生的需要不亚于他们对食物的需要，如果只有物质上的满足而没有精神上的满足，人就会产生心理意义上的营养不良。对年龄不大的高职生来说，和谐的人际关系能帮助他们获得他人的认可和尊重，引导高职生树立健康的心理态度。高职院校应该多鼓励学生进行合理的人际交往，并组织相关的交往活动，锻炼学生的人际交往能力。

第三，充分发挥心理教育课程的引导作用。许多高职院校都开设有与心理教育内容相关的课程，但是许多课程流于形式，没有真正对学生起到引导作用。高职院校要充分重视心理教育课程，发挥其与学生沟通的连接作用，通过一系列科学的教学方法，让学生了解到自己的心理状况，情绪不佳时及时调整。此外，还要注意培养学生乐观、积极、独立自主的心态。

第四，学校积极开展心理咨询活动。高职院校心理咨询是维护高职生心理健康的有效途径。高职院校心理咨询是学校心理健康教育的特设机构，是咨询人员对于求询高职生从心理上进行帮助的活动，其目的是帮助高职生调节心理上的不平衡，改变原有的认知结构和行为模式，以提高高职生的社会和学习适应能力。学校心理咨询的形式多种多样，有个别咨询、群体咨询、电话咨询、心理咨询等。咨询的内容涉及高职生生活的各个方面，如高职生的入学适应问题、人际交往问题、早恋问题等。实践证明，心理咨询是消除高职生的心理困惑、使高职生走出心理误区、维护其心理健康的有效途径。

目前来看，学校内部的心理咨询是学生最有可能接触到的了解自己心理健康情况的渠道。因此高职院校要特别重视心理咨询机构的开设情况，多开展心理健康调查活动，帮助学生维持心理健康。学校心理咨询，重点要解决学生的人际交往问题、情感纠纷、学习压力等问题，并且要注意保护学生的隐私。

四、提高高职生心理素质的有效途径

要想让学生拥有良好的心理素质，需要学生本身、家庭和学校以及社会的共同努力。就学校而言，学校应该竭尽所能对高职生进行心理素质教育。

（一）重视并开展心理健康教育

心理健康教育是为了促进学生心理健全发展而开展的，这是一系列有组织、科学的对高职生进行心理影响的教育过程。要想这个过程能顺利进行，高职院校得对学生的心理健康教育有个明确的认识，要从学生的角度出发，增强其自我教育能力，维护学生的心理健康，预防学生心理疾病。学校对此可以开设专门的心理健康知识讲座和一系列的心理健康宣传活动。

（二）积极开展心理咨询活动

心理咨询是运用理论的、科学的、系统的方法给咨询对象以帮助，解决他们心理疑惑的过程。心理咨询具有补偿性、指导性、调节性功能，这决定了它在维护高职生的心理健康过程中起着不可或缺的作用。高职院校开展心理咨询活动，必须让负责心理咨询的教师系统地学习专业的心理学知识和技巧，能冷静、客观、科学地对遇到的问题进行分析和处理。此外，学校还必须意识到心理咨询不是安慰，而是让学生正确看待自己面临的问题，积极主动地参与到解决问题的过程中。

（三）加强个性化的心理素质教育

个性是在一定的社会环境下形成的个人品格，是一个人与他人区别开来的独特之处。个性化心理教育是为了健全高职生的个性心理，既对高职生本人的全方面发展有着积极意义，又能满足当前社会对人才的需要。因此在对高职生进行心理素质教育的过程中，也要注重个性化的心理健康教育模式。

（四）重视并引导学生进行心理训练

心理训练是指通过外部指导和训练来对自己的心理状况进行自我调节的训练，这种训练是个体与外部环境进行信息、能量交换的过程。在这个过程中，自身越积极、主动，则自身的发展就会越完善。引导学生进行心理训练，有利于学生增强自身的心理素质。引导学生进行心理训练要从三个方面入手：一是要引导学生一分为二地看待事物，学会自我分析；二是要引导学生学会自我调节，利用客观条件来调整自己的心理状况，提高自己的心理素质；三是要增强学生的自我构建意识，鼓励学生进行自我完善。

进行心理训练的方式多种多样，总的来说，心理训练是为了增强学生的心理素质。心理素质的培养又涉及多方面、系统化的呵护，学校要对此给予重视，促进学生的德、智、体、美、劳全面发展。

第三节　高职生美育素质教育

一、美育对高职生人文素质教育的意义

实施素质教育是为了全面贯彻党的教育方针，提高国民素质，为社会主义现代化建设培养德、智、体、美、劳全面发展的社会主义接班人。实施美育教育对高职生来说，不仅能陶冶学生的情操，提高他们的文化素养，而且能促进他们的全面发展。所以，美育对于素质教育来说有着重要意义。

（一）美育是人文素质教育的重要组成部分

对于高职生来说，他们应该具备思想道德素质、身心素质、审美素质、文化科学素质、劳动技能素质等，其中审美素质指的是培养正确的审美观念和健康的审美情趣，提高审美感知力和丰富审美创造力。审美素质是素质教育不可或缺的部分，提高审美素质，可以通过美育来实现。

美育又叫审美教育，是一种感性教育和趣味教育，能促进高职生人格的完整形成，是培养完整人格的一种教育形式。它既能培养高职生对美的感受力，又能让高职生树立正确的审美观念，陶冶情操、美化生活。美育和德育、智育、劳技教育等尽管有联系，但是也有着本质区别。

德育是在规则中对人起到激励、升华的作用，是有目标的调整和规范人与外部社会的关系。智育是通过对人系统化的培养，使人掌握文化知识，注重人与自然的关系。体育是通过运动形式让人拥有健康的身体，侧重的是人与身体的关系。

劳技教育是指有意识地培养学生的生存能力，注重的是人与社会的关系。美育则是通过培养人们的审美能力来提高人们创造美、欣赏美的能力，注重人与现实的审美结合。美育相比其他几个"育"有自己的独特之处，理所应当成为素质教育的一部分。

（二）美育是实施素质教育的基本路径

第一，以美辅德。人的思想素质的提高，可以通过德育来提高；但是思想品德教育也应该对学生起到潜移默化的影响，这时美育就能发挥作用。以美来引导学生向善，通过审美来帮助学生分辨善恶美丑，通过美育来帮助学生树立理想。例如，一首积极向上的，融合了爱国主义、集体主义的歌曲，就能净化高职生的心灵，激发学生对美的热爱，从而实现道德的内化。

第二，以美益智。美育能够促进智育，通过美育，可以培养高职生对学习的兴趣，开阔学生的眼界。美育在各学科中都能有所体现，可以通过给学生美感来引导学生去发现美，在这个发现美的过程中掌握知识，从而提高高职生的文化素质。

此外，美育还可以培养学生的动手、动脑能力，丰富学生的想象力，提高学生的观察能力，充分挖掘学生的潜力，培养学生的创新精神和实践能力。

第三，以美健身。体育注重的是"身"的锻炼，美育则注重"心"的调整。通过审美教育，人的自我调节功能会得到改善，让心情处于一种放松的、愉快的状态，与体育相协调，保持人的身心健康。此外，美育还可以在体育训练中发挥对美的追求，让人追求健美。

第四，以美促劳，提高高职生的劳技素质。美育具有自由性，高职生更乐于接受。在潜移默化中帮助高职生认识劳动本身的审美属性，从而使他们明白劳动是创造快乐人生的起点，是创造美好生活的源泉，是人们生存于世界的最为神圣的活动，有助于高职生摒弃轻视劳动和鄙视劳动的思想。人们在劳动过程中，认识和改造世界，显示了人的本质力量，这本身就是美。美育还能够帮助高职生体验劳动成果的审美价值，在分享参加劳动的喜悦中，劳技教育达到了科学和艺术结合的境界，充满着创造的智慧和欣喜，感受到精神的满足和享受，表达了热爱创造美的劳动的情感。在劳技教育中渗透美育还有助于培养高职生的承受能力和良好的社会适应能力，进而培养他们的创造精神和实践能力。

为了让美育在整个人才培养教育中起到更积极的作用，在推行素质教育时应始终坚持美育，才能为社会主义建设培养更优秀的建设者和接班人。

二、高职院校加强美育素质教育的价值及其实现途径

美是人类提高自己和超越自己的一种社会机能。有了这种机能，人美才能从野蛮走向文明，从单纯的自然存在，走向自觉的有意识的精神存在。美是人类精神文明的结晶，可以提高人的精神修养和精神境界。审美教育通过自身的感染力和吸引力来吸引学生兴趣，使学生在被熏陶的过程中培养逻辑思维能力。因此接受审美教育对学生的全面发展有着重要意义。

（一）审美教育在人文素质教育中的作用和价值

第一，审美教育有助于学生智力的发展。蔡元培先生将普通教育的目标归纳为"养成健全的人格"和"发展共和的精神"，但是却把美育作为国民教育的一大宗旨，认为"美育是一种重要的世界教育"。在今天看来，我们可以得知美育确实对智力的提高有着促进作用，而这种作用正是因为情感的碰撞形成的。

高职生在艺术活动中美的刺激下，理性情感和感性情感相互碰撞，为创造提供了动力。此外，审美教育还能陶冶学生的情操，提高其审美能力，刺激右脑的发育，培养学生的思维创造能力。

第二，审美教育可以促进学生非智力因素的发展。审美活动是审美感性和德育理性沟通的桥梁，情感教育对理性教育又有着促进作用。列夫·托尔斯泰说："人们用语言相互传达自己的感情，而人们用艺术互相传达自己的感情。"我们可以从中看出美育其实传达的是一种感性的情感，而美育教育则是一种情感教育。

审美教育可以丰富人的精神世界，激发人的想象力，并促进学生的大脑、肢体协调发育，从而让学生得到全面的发展。美术是审美教育在群众中最具影响力的宣传、教育工具，能让学生在对美的感受中接受教育，美化人们的心灵。此外，一些具有积极教育意义的影视作品也能让学生从中分辨美丑，懂得善恶，从而熏陶学生的心灵，让学生的内在和外在达到和谐统一。

第三，审美教育可以提高学生的创造能力。创造能力是人理性思维和感性思

维的结合物，它来源于人的情感、兴趣和需要等。审美教育能给素质教育带来积极的影响，其中的重要原因在于它能激活学生脑海中未利用的资源，从而使学生的大脑进入一种放松的状态。换句话说，审美教育的作用就是解放学生情感的过程，在这个情感释放的过程中，他们所受到的束缚不断减少，从而保持大脑的活力，进而有助于学生非理性因素的发展。

黑格尔曾说："艺术又好像处于一种较高尚的推动力，它所要满足的是一种较高的需求，有时甚至是最高的绝对的需要，因为艺术是和整个时代整个民族的一般世界观和宗教兴趣联系在一起的。"从中我们可以看出，艺术的作用是进一步完善人的力量，诱发人的创造力，从而促进人的健康成长。

（二）高校审美教育的现状和存在的问题

高校审美教育由于其独特的个性、创造性在素质教育体系中表现得尤为突出。每个高校在教学方法、内容、形式上都有着自己的独特见解，在艺术课程上学校的投入和重视程度也与其他学科课程有所不同。总体来看，高校在具体实施审美素质教育方面与国家规定的要求仍然存在差距，例如，普及面狭窄、课程开设不全面、美育课程没有与知识类学科紧密结合等。

（三）高校审美教育应采取的措施

为推进高职院校审美教育的规范化和制度化，不断提高教育水平，应采取三个方面的措施。

第一，提高学校的管理水平。高职院校要建立完整的审美教育监督、管理体系，设立专门的管理部门对相关的工作进行规划、指导和组织活动，努力提高高职院校的管理水平，使审美教育融入高校的日常管理中。

第二，提高课程质量。在开展审美教育课程时，要注重课程质量，积极利用现有资源推动课程改革。此外，各高职院校还应该结合实际，努力为学生创造条件，合理开设各类艺术课程，满足学生对艺术发展的需求。加强对审美教育的实施，规范审美课程教学。

第三，提高师资水平。高职教育不同于基础教育，学生这时已经具备一定的思考判断能力，自我意识逐渐增强，因此高职院校在进行审美教育时，要聘请具有专业教学能力、懂得美、有正确审美观念、爱岗敬业的老师，增强学校的师资力量，从而提高课程的教学质量，完成对学生正规的审美教育。

三、美育在高职院校素质教育中的运用

美育是指受教育者在系统地接触和欣赏各种类型美的事物，懂得美的含义，学会发现美，用心去感受美，并对美有自己的理解，然后创造美，从而进一步提高自己的艺术修养和情操，促进自身的全面发展。在素质教育中，美育相对其他教育有不可代替的功能与作用，对提高学生素质，促进身心发展起着积极的推动作用。

（一）以美辅德，提高高职生思想道德素质

苏联教育家苏霍姆林斯基说："美是道德纯洁，精神丰富和体魄健全的强大源泉。"美育能促进人的理想形成，能激发爱国热情、培养高尚道德品质、促进心理健康和个性发展。

美育是以个人爱好的形式开展，让高职生在快乐中接受教育，能让学生拥有更高的自觉性和积极性，在审美教育中认识什么是美，激发潜能帮助其发展。美育活动主要通过形象思维来展示，我们也称之为情感陶冶工作。教育人总是要动之以情、晓之以理。美育是以情感人，以情动人，对学生进行思想品德教育，促进学生完美人格的形成。许多优秀的文学艺术作品能够起到教育引导作用，像《刘胡兰》《甲午海战》等影视作品就会对学生理想的树立、高尚品德的形成产生积极影响。这些优秀文学艺术作品以它的人物美、思想美、行为美、精神美、事业美鼓舞着学生奋发向上，接受它的影响和引导，从而增强学生对真、善、美、假、丑、恶的分辨能力，激发爱国热情，提高政治思想和道德理想水平。

（二）以美益智，开发高职生内在潜能

国外科学家早在一百多年前就已证明人的大脑左右功能各有不同，只有把左右大脑的功能全部开发，这个人的智力开发才算平衡。但是现在各高校只有少数几门课程涉及左右脑开发，擅长创造的右脑半球的特殊功能被人忽视，而美育正是开发人的右脑的教育。美育有利于左右脑的协调发展，使人的智力得到充分开发。

在素质教育中，美育可以激发高职生学习兴趣，变苦学、厌学为乐学，从而提高智育效果。在审美活动中，通过对自然美、社会生活美和艺术美的欣赏，又能激发高职生的学习兴趣，让其化被动为主动，主动去获取科学知识。美育能够培养学生的观察力、想象力和实际操作能力，进一步促进高职生的知识结构完善，达到提高文化素质的目的。

（三）以美健体，提高高职生身体素质

人们的审美追求，决定着对形体美、动作美的需求，这是高职生主动发展和进行体育活动的动机、持久性的源泉。美育能促进体育的发展。体育是健与美的结合，它可以使人体魄强健、精神愉悦，还可以锻炼意志，增强毅力。而体育活动内容丰富多样，有武术、游泳、跳水等，这些体育活动中蕴含的体态美、动态美都是美育因素的体现，美育因素又有助于高职生体育运动的开展，使其增强身体素质。

（四）以美育人，培养创新性人才

未来的社会需要创新性人才，在 21 世纪人才培养中，美育占有十分重要的作用。美育是提高高职生审美素质的重要步骤，人们对美的追求会促进科学的创新。美育和创新之间互相作用、互相成就。而从对创造力有重大影响的"动机因素、智力因素、个性因素"三大因素来看，无一不与审美修养有关。

人们对美好事物的渴望、丰富的美感修养，可以强化人们探求未知的动机。右脑半球的幻想、联想、直觉悟性在于得到文学艺术的长期熏陶，对美的直觉、爱美的情操、对美的兴趣爱好、特长的培养都需要多种美的形式来实现。因此，在素质教育中只有重视美育，重视创新人才的培养，才能大大提高高职生的综合素质。

四、高职院校推进美育素质教育的方法

没有美育的教育是不完全的教育，没有艺术素养的人是不完整的人。可见，美育教育在高职院校教育中占有非常重要的地位。特别是在推进素质教育进程的今天，薄弱的高职院校美育工作应该花大力气，通过感受美、鉴赏美、创造美来夯实高职生的艺术素质基础，来发现高职生美的闪光，激励高职生美的创造。几

年来，高职院校在实施素质教育的过程中，十分重视高职院校美育工作，在学校师生的共同努力下，取得了可喜的成绩。

（一）构建美育工作网络，强化美育意识

高职院校加强队伍建设，强化教师的美育意识，教师是实施教育的主导，只有全体教师，特别是任科教师明确肩上的责任，才能发挥其聪明才智，最大限度地为艺术教育贡献力量。构建学校美育工作网络，让艺术教育落到实处。意识的强化，网络的构建，保证了学校美育工作朝着健康、发展、有特色的道路前进。

（二）加大美育软硬件投入，优化美育环境

美育工作的目的是提高学生的艺术修养，让学生能发现美、感受美，最终创造美。高校要想更好地开展美育工作，就得提供一个软硬件设施完善的美育工作环境。只有在这样的环境下师生才能有创造美的冲动和想法，进而塑造完整的人格。

各高职院校要抓紧硬件设施建设，做好美育工作的基础，以确保美育工作的正常开展。画板、写生台、素描模型、球、圈、带、棒、练功房、写生画室等硬件设施，为学校艺术教育以及艺术活动地开展奠定了坚实的基础。

抓校园文化，营造美的氛围。美的教育不仅要靠课堂、靠活动，而且要靠校园文化建设的潜移默化。通过文化景点、绿化、美化、香化来营造美的氛围，让学生接受美的熏陶。

抓软件建设，落实美育教研，定期开展教研活动，注重教学常规。在教学工作中，搞好常规教学是前提，因为它是保证教学能正常进行的行之有效的规范和要求。因此，要坚持工作的落实，按照学校制定的教学大纲，根据具体情况完成教学工作，并注重教学中知识结构的完整性。

（三）注重普及和学科渗透，提高美育效能

美育教育坚持学科渗透和大面积的艺术教育的普及工作，十分强调全体高职生接受美的教育，以此来提高美育效能。通过艺术教育及活动，推进高职院校素质教育进程。

全体教职员工都应该成为美育工作的传播者和实践者，在教学过程中对学生

进行美育思想的传播，让高职生在学习科学文化知识的过程中感受美、欣赏美，激发美的创造欲望，从而发现美、创造美。学校艺术教研室每周要对部分教师、部分学科的美育渗透工作进行督导和检查；每月举行一次学科美育渗透的教研专题会议，研究美育渗透的方式和方法；鼓励教师主讲学科美育渗透教研课，每学期评选优质学科美育渗透课，并与教师基本功过关和年度考核挂钩。

第四节　高职生科学素质教育

一、高职生加强科学素质教育的重要性

在全社会大力加强社会主义精神文明建设的过程中，各高校的基础文明教育工作也有所成效，但是随着时间的流逝和对"素质教育"的进一步研究，人们也发现基础文明教育的现状是"学生该干啥干啥"。这样的结果，引人深思。

基础文明教育要想取得成效，既要加强校风管理，又要加强学生的科学文化素质。

（一）科学文化素质教育是基础文明教育的根本

从实际情况来看，高职生的基础文明教育难以取得让人满意成果的关键原因在于，这种教育形式只是对以往知识的枯燥重复，没有根本改变应试教育带给学生的负面影响。

比如在考试中存在的作弊现象，这既反映了学校的管理工作需要加强，又反映了学生的浮躁心理和学风的不正。作弊行为体现的是学生对知识的不尊重，科学精神、科学态度的严重缺乏，而这些正是人文素质的重要体现。

现在，许多高校对作弊行为都有严格的处罚，甚至抓到一次就直接开除学籍，但是作弊现象仍然屡禁不止。要杜绝这种现象，必须提高学生的科学素质，才能激发学生对科学观念和对科学发展的关注。

基础文明教育就是纪律教育和道德教育，但是如果没有科学素养作为前提，基础文明教育就是养成教育，无法引导学生主动去学习，主动去探索科学的真谛。

科学精神要求我们尊重客观规律，从实际出发，强调实践的重要性，这也正是纪律教育和道德教育所强调的内容。所以要想使基础文明教育有所成效，就得提高学生的人文科学文化修养。

（二）科学文化素质教育是社会发展的需要

人们一向认为高职院校是培养专业人才的地方，学生自然也是拥有较高科学文化水平的群体，而学校也主要向学生传授科学文化知识，忽略了科学文化素质的培养。但是社会发展对学生综合素质的要求越来越严格，要想适应社会的发展，必须提高学生的科学文化素质。

首先，个体素质可以分为三类，分别是身体素质、心理素质和文化素质。三者相辅相成、相互联系，对人的整体素质的培养都发挥着重要作用。在这三者中，社会文化素质最为重要，它由科学文化素质、思想政治素质、道德素质、能力素质四者共同构成。在这四者中，科学文化素质又更为重要，是其他三者的基础。所以高职院校学生的素质教育要以科学文化素质为中心，带动其他素质的发展。学生如果拥有良好的科学文化素质，就能以正确的三观和方法论去看待事物，看待自己的成长道路，且会在社会竞争中具备更强的竞争力，更好地实现自身价值。

其次，人们教育观念的功利性也导致学校教育的片面化，人们只重视能给他们带来利益的知识，而忽略他们认为不重要的知识，这也导致一些理工科学生缺乏人文素养，而文科学生想法又容易脱离实际。

最后，在现代科学的不断发展中，许多学科都相互关联、交叉，学科与学科之间的联系也越来越密切，尤其是人文科学学科和自然科学学科相互交融的趋势越来越明显。社会现在需要的是符合发展需要的复合型人才，所以在进行高职教育时要立足时代需要，改变传统的教育理念，加强科学文化教育，培养符合时代需要的人才。

（三）加强学生科学文化素质教育的途径

第一，转变教育观念。教育的使命已不仅仅是使学生学会知识，它既应提供一个复杂的、不断变动的世界地图，又应提供有助于在这个世界上航行的指南针，使学生学会在一定的环境中工作，以便不仅获得专业资格，而且从最广泛的意义上讲，获得能够应付许多情况和集体工作的能力。这种能力不仅包括实际动手能力，而且包括处理人际关系能力、社会行为、集体合作态度、主观能动性、交际能力、管理和解决矛盾能力，以及敢于承担风险的精神等综合能力；学会共同生活，培养在人类活动中的参与和合作精神，以便与他人一道参加活动，并在这些活动中进行合作；最后是学会发展，教育应当促进每个人的全面发展，即身心、智力、敏感性、审美意识、个人责任感、精神价值等方面的发展，应当使每个人借助所受的教育，能够形成一种独立自主的、富有批判精神的思想意识，以及培养自己的判断能力，以便由他自己确定在他人生的各种不同情况下他认为应该做的事。

我们习惯把思想政治教育、业务教育和身体训练看作教育的全部任务，现在将包括科学意识、科学精神在内的科学素质教育及文化素质教育，尤其是人文教育被视为综合素质教育的一项重要内容，是具有战略意义和符合世界教育改革潮流的。否则，教育就不是完全意义上的教育；我国企业经济效益低，产品缺乏竞争能力，农业科学技术得不到普遍的推广，宝贵的资源和生态环境得不到充分利用和保护，人口增长不能得到有效控制，一些不良的社会风气屡禁不止的状况就难以得到改变，科教兴国的战略国策就难以实现。

切实搞好科学文化素质教育的根本就是转变教育观念，而转变教育观念的关键在于得到学校和各级领导的重视。如果没有领导观念的转变，就不可能有高瞻远瞩的决心、切中时弊的措施以及学校教务、学生工作、后勤等部门的协同作战，综合素质教育也就不可能有真正的突破。

第二，改革高职院校课堂教学。高职院校课堂教学是学校教育的主阵地、主渠道，高职生科学文化素质教育也不例外。然而，我国高校长期以来相同的专业实行统一教学计划、统一教学大纲、统一教材；必修课多、选修课少；专业课多、通识教育课少；分析课程多、综合课程少；理论课程多、实践课程少，造成了培养的人才类型和规格单一，违背了知识、个人与社会具有多样化的特点，也不能满足社会发展对高职生素质的要求。因此，必须进行课堂教学改革。

首先，要对教育模式进行改革，减少必修课，增加选修课，加强基础课。借鉴美、日等国的经验，根据我国高等教育的实际，在高职院校开设文化素质修养课势在必行。文化素质修养课有思想政治类、自然科学类、社会科学类、人文科学类、艺术类、语言类、体育卫生类及其他众多课程，内容几乎包括人类在社会历史实践过程中所创造的一切物质财富和精神财富，特别是我国的优秀传统文化，对人尤其是青少年具有巨大的培养和塑造功能。

其次，要开设辅修专业，即在不延长学制又无须大量投入的情况下，使高职生受到本专业之外的另一专业的训练，增强其社会适应性。

最后，各科教师要注意挖掘丰富的人文素质教育内容，并把它们渗透到课堂教学中去。在不增加课时的情况下，不知不觉地对学生的文化素质进行培养，不仅说服力强，而且作用大。

第三，培养高素质的教师队伍。办教育、办学校，教师是主体；教学活动，教师是主导。因为教师直接面对学生，所以，高素质的教师在教学过程中不仅能把业务知识传授给学生，而且能以正确的人生观、价值观、优良的思想作风、严谨的治学态度、科学的思维方法影响教育学生。因此，加强科学文化素质教育，促进学生综合素质提高，必须提高业务教师队伍的整体素质，使教师真正融传道、授业、解惑于一体，言传身教，为人师表。

培养高素质的教师队伍，需要学校和教师个人双方的共同努力。学校要为教师的学习、科研、进修提供良好条件，教师个人也要积极创造条件，不断提高自身素质。

第四，营造浓厚的校园文化氛围。一要积极举办有利于提高学生科学文化素质的系列讲座；二要大力开展社团活动、科技节、文化艺术节等校园文化活动，让学生在丰富多彩的校园生活中受到熏陶；三要加大经费投入，尽量改善教学、实验设备和更新补充图书资料，大力加强校园自然景观、人文景观设施建设，使学生尽早使用先进设备进行学习，尽早接触先进科学技术，并在优美的校园环境中启迪思想、陶冶情操、升华精神，提高科学文化素质。

第五，注重实践。实践，包括科学实践和社会实践。科学实践主要是科学实验和科学研究，除了正常的教学计划安排外，还可以让学生积极参与教师的科研活动，从而增加科学实践机会，培养学生的科学精神、科学态度，锻炼思维，提高正确分析问题解决问题的能力。社会实践主要是社会调查和社会服务，它为学生了解、认识社会创造了条件，也为学生客观地认识、评价自我创造了条件，对学生的素质提高和成才具有重要意义。此外，按照当代科技及教育的发展趋势，深化高等教育改革，注意自然科学和社会科学相结合，基础学科和应用学科相结合，教学、科研、生产相结合，这也是培养造就高素质人才的重要手段。

二、高职院校加强科学素质教育的原则

随着现代科学技术重要性的逐步提升，未来教育应重视科学教育，并且以科学教育为前提。由于科学技术的飞速发展，科学素养的提高也越来越重要。科学上的许多重大发现，比如有关宇宙或者生物技术的进展，深刻地影响人们看待自我的方式。社会发展客观上要求人才的培养改变单一型的智能结构，全面提高高职生素质，那么在科学教育的学习中高职生要遵循哪些原则？

（一）主动性原则

主动性原则是指学生在参与学习的过程中，积极地参与各项教学活动，以达到提高科学素养的目的。

教育家杜威认为，学生要想获取经验，必须亲身体验。所以他主张学生要从实际生活入手，在实践活动中寻找解决问题的办法。在杜威设想的教学过程中，学生担任的是主动探索和解决问题的角色，体现出较高的主动性。

科学教育中的主动性原则要求以马克思主义理论为具体实践的基础，追求主动探索事物之间的联系，并以亲身体验来汲取新的知识，提高自己的能力。主动性原则要求学生在接受科学教育同时做到以下几点：

第一，保持强烈的求知欲。即对周围的事物保持强烈的好奇心，对不知道的原理耐心追问、积极观察，并一直坚持下去。

第二，积极主动参与。在接受科学文化教育时，要保持主动的态度去积极思考，敢于发表自己的观点，与他人友好合作，积极参与各种活动。

第三，主动负责。在科学探索的过程中，要懂得同学间相互包容和交流，允许存在不同的观点，在遇到挫折时能够自我调节，遇事能够勇敢承担责任。

第四，学会自我反省。在接受科学素质教育的过程中，既要学会客观评价外部事物，又要学会自我反省。反思自己在整个过程中存在的不足和值得肯定的地方，不断寻找问题，实现自我完善。

科学教育与传统教育的不同点在于它更注重学生接受教育的状况，是否能主动探索问题、主动学习。只有摆脱了单方面的被动输出教育，学生的科学素养才能提高。

（二）独立性原则

独立性原则是指学生能在学习的过程中独立自主，具体表现为能独立地发现问题、思考问题并解决问题。

独立思考精神是科技素质教育的必备精神。只有具有独立思考精神的人才敢于向权威发起挑战、不人云亦云，只有这样才能贯彻科学精神，为科技发展做出贡献。例如我国著名科学家李四光，他敢于坚持自己的观点，最终发现了大庆油田，证明中国有石油。

科学家们非常重视科学活动中的独立性，爱因斯坦就曾指出："发展独立思考和判断的一般能力，应当始终放在首位，而不应把获得专业知识放在首位。"拥有独立思考能力的人更能适应时代的变化。

学生在学习科学知识时坚持独立性原则对其学习知识也有着重要意义，能够独立思考的学生更容易取得成就。所以，在培养独立精神时，要注意以下几点：

第一，保持独立思考。凡事有自己的见解和观点，说明已经学会什么是独立思考。培根在《新工兵》中曾讲过三种不同的学习方式：一种是蚂蚁式的学习，只会搜集材料；一种是蜘蛛式的学习，只会口中吐丝；另一种是蜜蜂式的学习，博百花酿出蜜来。不会独立思考，就像吃了东西不会消化。且独立思考时要学会辩证地看待问题，不要片面。

独立思考的又一标志是懂得发现问题、提出问题。对于科学学习来说，提出问题比解决问题更重要。从不同的角度看问题，才会有新的发现。

第二，提高独立学习的能力。要想提高独立学习的能力，就得了解自己本身的调节能力，对自己有清晰的认识。比如，对于自己来说，什么样的学习方法和学习时间能提高学习效率。

（三）参与体验原则

参与体验原则，顾名思义就是要求高职生在科学教育中，积极参与各种学习和实践活动，并表现为在发现科学知识、解决实际问题的过程中获得体验，从中学习和掌握新知识的一种积极倾向和主动行为。参与体验包括参与意愿、参与动机和参与能力三大要素：参与意愿指在科学认识活动中表现出的一种积极、主动的倾向性心态，强烈的求知欲、好奇心和探索精神；参与动机指对科学认知活动目的意义的认识水平；参与能力则指投入科学认识活动所需的各种适应能力。

在科学认识活动中，高职生具备积极、主动的参与精神十分重要。首先，科学教育的内容是以高职生生活中常见的事实或需要解决的问题为主。高职生学习这些内容，首先需要激活他们的学习兴趣与动机，从而产生参与体验的愿望。只有具备这种心理准备状态，高职生的学习才会以自觉性、主动性为动力，产生强烈的兴趣和欲望，并在亲自参与体验的状态中，使科学认识与情感、兴趣、需要等心理因素有机地结合起来，成为一种真正有意义、有兴趣的学习。其次，体验学习也是使高职生产生探索、追求及创新心理的源泉。在参与活动的过程中，高职生往往会碰到各种新问题，并想搞探其究竟。这样，一个问题解决了，又会出现另一个新问题，促使高职生不断探索，从中培养其分析问题、解决问题的能力。最后，通过在科学认知活动中的参与体验可以使高职生学会从事研究的能力，包括问题分解、信息收集、资料汇总、分析判断等方法，以及如何处理其中的人际关系、如何与人共事、怎样与有关方面打交道等，这些只有高职生在不断的实践中亲身经历，才能真正学到。

科学教育中坚持参与体验原则，要求高职生必须注意：

第一，确立角色意识和集体观念学会参与。首先需要高职生在科学认知活动中确立角色意识和集体观念，认识到参与是一种合作，参与既有个体特定的目的要求，又有集体合作交往、共同完成任务的要求。要学会在群体活动中既有角色意识，又能服从合作的需要、集体的需要，具有在不同场合进行角色交换的能力。

第二，参与体验中对品质的培养。参与体验中要树立角色到位、对自己行为负责的观念，包括意志、毅力等品质的培养。科学认识活动从感知开始，在实践中可能会遇到各种问题与困难，需要坚持角色意识，对自己的行为负责到底。如在植物的栽培过程中需要在温室里操作，高职生就要在40℃高温的室内进行长时间的学习；再如饲养小动物、了解动物的生长过程也必须要有充分的耐心和忍耐力。尤其是碰到困难时更要注意调节情绪低落、气馁、灰心、任性等情绪，通过意志、毅力坚持到底。只有真正做到这一点，科学实践的探索活动才能使学生真正有所收获。

（四）实践性原则

实践性原则要求学生从理论转化为实际，必须亲手操作、亲自实践后获取知识，用科学的办法解决生活中遇到的问题。实践活动是科学教育中不可或缺的环节，实践性原则也是科学教育中提高科学素养最有效的途径。

科学教育是在社会、科技高速发展对人的素质要求不断提高的前提下产生的，目的是为了培养学生具有与现代化社会相适应的科学观念、精神、态度以及科学探索和解决实际问题的能力。如果科学教育仅局限于传统的教学方式，那么学生只接触理论知识而不亲身实践，就无法准确地掌握所学知识，从而无法解决实际遇到的问题。因此，科学教育必须坚持实践性原则。这不仅有助于高职生掌握知识，培养能力，发展科学价值观，而且有助于他们学以致用，及时将学到的科学技术知识和方法用到生活实际中，进一步巩固深化所学的知识，加深对科学教育价值的认识。

在科学原理的学习过程中必须坚持理论联系实际，学用结合。如果仅仅满足于了解科学原理和概念，就事论事地学习一些具体的实际操作方法，则无助于对科学原理的深刻认识与掌握。只有学用结合，用所学的科学原理去指导科学实践，多做一些与日常生活密切联系的小实验、小创造、小发明，以学指导用，以用促进学，才能有助于真正掌握科学知识、开阔思路，提高解决实际问题的能力。

实践活动是由大量操作组成的。在科学教育的学习中要求学生坚持实践性原则，必须注重高职生各种实际操作能力的提高，包括让学生学习使用各种实验工具，并了解其性能，具有动手制作的技巧，并有一定的工艺水平；会使用计算机、网络查找资料，获取信息；等。总之，科学研究中的各种操作技能如何，高职生会使用多少工具，是实践性原则能否成功运用的基础。

实践性作为高职生科学学习的原则，不能只局限于自然科学的实验室操作，还应包括更宽泛的内涵。在实验室中可以进行物理、化学、生物等学科知识的实验活动，但现代科技中的许多领域，如环保、能源、生态等需要在现实生活、社会乃至更大的范围内去实践。所以，实践性原则除了运用在具体的操作技术外，还运用在认知和心智技能上，具体的实践活动能提供观察、推理的思维过程，所以实践性学习一定会提高学生的科学素养。

三、课堂教学是科学素质教育的源泉

科学素质教育包括道德素质教育、文化素质教育、心理素质教育、身体素质教育等。

（一）精心设计课堂结构，培养科学思维能力

教师传授知识的根据是教材，相对来说，教材更侧重知识的理论性和系统性，不一定适合具体的科学实践。教师在备课过程中要根据教材，结合实际进行调整，尽可能的在教学过程中激发学生的科学思维，培养学生的科学思维能力。

（二）精心质疑，培养科学探索能力

科学研究过程实质就是发现问题、分析问题、解决问题的过程，也就是科学的探索过程。在教学过程中，教师主导作用的一个重要方面就是善于从教材内容和学生心理状态出发，采用各种方法设计富有启发性的问题，创设探索的情境，激发高职生思考和探索的欲望，从而达到在获取知识的同时也培养他们科学探索能力的精神。

（三）高职院校加强素质教育的方法

高职生科学课程是以培养科学素养为宗旨的。科学素养的形成是一个长期的过程，最开始的科学教育将对一个人科学素养的形成具有决定性的作用。在对学生的科学教育中，我们应着重注意以下几点：

第一，激发学生科学学习兴趣。学习兴趣是学生科学素养培养的重要内容。兴趣是最好的教师，要以科学兴趣的激发作为切入点，通过科学探究将这种好奇心转化为科学兴趣，使之成为真正发挥科学学习的原动力。好奇心是人与生俱来的，要懂得呵护学生与生俱来的好奇心与求知欲。

第二，引领学生科学探究过程。在传统教育下，我们的科学教育枯燥乏味，教师教学照本宣科，采取"填鸭式""满堂灌"的教学方法，让学生依赖死记硬背蒙混过关。而科学探究过程一般包括几个方面：观察、提出问题、作出假设、

制订计划方案、实施计划、分析综合整理、表达交流等。教师可以对学生的探究活动给予适当帮助、适时调控。

在问题情境阶段，教师要为学生创设具体的问题情境，引导学生观察并思考。在学生提出假设和实验方法时，教师要引导学生独立思考，把自己的想法记录下来，并在探究中进行交流讨论，探究、验证假设是否正确。在学生探究出现困难和失败时，教师要及时引导和鼓励他们更改假设，重新实验。在发现、概括阶段，教师要多鼓励高职生在实验完成后根据观察的现象进行解释，并引导高职生自己概括出结论。

科学学习要以探究为核心，这是当前世界各国都提倡的。虽然科学探究并不是学习的唯一方式，但是对于大多数科学内容，学生也不可能探究，不可能自主发现地进行建构。实际上，高职生围绕一定情景或问题主动收集资料的过程，也是一种探究式学习。因此，应该提倡以主动积极的探究方式来学习大量的间接知识。

第三，利用现有条件开设课程。科学课程的实施，离不开充足的课程资源的支持。要充分利用学校的软件、硬件设施，特别要加强科学专用教室的环境建设，包括实验仪器、学校图书馆、校园网及其他教学设施。通过这些资源，激发学生学习科学的欲望。此外，教师应积极发布教学素材，如教学材料、实验方案、教学论文等，使之形成资源库，在一定条件下逐步实现资源共享。

此外，要敢于走出课堂，建立校外课程资源，例如，河流、田地、各种动植物、社区活动中心、街道等。每所学校都有自己独特的周边环境，因地制宜，开发和利用好校外课程资源，既可以增加学生对科学的兴趣，又能为学生今后真正的科学探究奠定基础；也为学生提供了接触社会的机会，增强了高职生的社会交往能力，培养了高职生的社会责任感，推进了高职生科学素养的形成。

第四，提升教师自身专业素养。学校教师本身的科学素养会直接影响上课质量，影响能否培养出符合时代需要的人才。目前，科学教师的专业素质不容乐观。首先是师资紧缺，由于教育界对科学教育的不重视，目前专职科学老师很少，仅占一成左右。其次，科学教师的工作量非常大。科学是一门多学科、多内容的综合性课程。科学教师承担的是综合教学的任务，除了必要的教育科学知识外，更需要具有广博的物理、化学、生物、天文和地学等科学领域的知识。驾驭这样一门知识领域及其广阔的学科，要求教师必须通晓科学学科涉及的各个领域的专门知识，并及时了解科技和教育的最新观点、信息和研究成果，不断更新和完善自己的知识结构。

科学教师还要特别了解和掌握科学探究方法，合理运用科学探究方法。只有教师自身掌握了先进的教育教学理念，具有系统、全面的专业知识结构，并且具有高超的教学技能和良好的心理素质，才能适应新课程改革的需要，才能真正实现学生的自主发展。

提高高职生的科学素质是一个长期的复杂过程。身为教育第一线的工作者要精心呵护高职生在学习过程中表现出来的学习热情和创造能力，唤起高职生的创造欲望；营造浓厚的创新氛围，给高职生以充足的时间和空间，逐步提升高职生敢于质疑、思索、探究、创造的科学素养。

第五节 其它方面的人文素质教育

一、哲学教育

马克思主义哲学能为人们认识世界与改造世界提供总体性和一般性的方法论原则。对学生进行马克思主义哲学教育的过程，就是锻炼学生思维的过程，这个过程将会遇到逻辑分析理性探讨的手段，进而上升到哲学高度。通过不同哲学思想的碰撞，帮助学生树立正确的三观。

此外，哲学还具有批判功能，矛盾也是运动变化的，任何理论都是时代的产物，不可避免地具有当前时代的局限性。但是随着经济全球化的不断发展，文化与文化之间的交流碰撞逐渐加强，人们必须舍弃旧的不合理的理念。

二、历史教育

意大利学者克罗齐说："历史是生活的教师。"历史教育对学生的作用主要体现在精神影响和思维能力上。历史是人类不断发展进步的经验史，可以启迪人们借鉴古人的成败得失，帮助我们体会人与自然、人与社会和谐共处的真谛。历史有助于我们养成正确的人生态度和价值观。正如德国哲学家雅斯贝尔斯所说："教育要培育一代人的精神，必须先使历史进驻个人，使个人从历史中汲取养分。"历史学科的功能和作用在于通过历史知识这个庞大厚重的载体，去认识社会变迁的规律和趋势，有利于学生形成正确的三观。"学史使人明智"。这里的智，既包括对往事的借鉴，也包括推陈出新的创新。任何社会的进步和发展都是历史的产物，都是以历史为前提的，历史能帮助我们寻找社会发展的规律。

三、文学教育

从屈原的《离骚》到毛泽东的《沁园春·雪》，中文文学以中国文字特有的形象性描绘出大自然的绝美风格，又通过对自然的描述揭示人与人之间的情感，以文学展示对人性、人生、人与自然的思考。文学教育会给学生打开一个认识人生百态的新天地，为学生提供一个陶冶情操的完美艺术领域。完整人格的形成离不开文学教育的熏陶和对美的感受。社会越进步，人们对文学情感的需求越强烈，越需要用文学来填补精神上的空虚。

四、艺术教育

艺术类课程能提高学生的审美能力，培养学生的创造能力。一个人的审美情趣很高，意味着这个人有着优秀的艺术修养，具有完整的人格和美好的心理，并会发自内心地自觉维护真善美。从某种意义上来说，艺术中获得的想象力比知识更重要，因为知识是有限的，而想象力是无限的，想象力会推动知识进步。研究表明，接受过良好艺术教育的人，精神境界能得到更好地升华，他们的想象力和创造力能得到更彻底地开发，对他们科学素养的提高有着极大的帮助。

五、道德教育

我国《公民道德建设实施纲要》提出："努力提高公民道德素质，促进人的全面发展，培养一代又一代有理想、有文化、有纪律的社会公民。"道德和道德教育都是共产主义思想教育的重要内容，它们是共产主义教育的两个层次。

社会主义道德观念和社会主义道德原则是社会主义初级阶段社会关系的基本特点的表现。目前，我国实行社会主义道德教育，道德教育的中心思想就是要求学生树立全心全意为人民服务的思想；正确认识和处理社会主义条件下人与人、个人与社会之间的关系；正确认识和处理国家、集体和个人三者的利益关系；自觉遵循社会主义民主和法制。在进行社会主义道德教育的同时，必须认真提倡共产主义道德教育。

六、行为规范教育

良好的行为规范有助于学生适应社会发展的需要。我们的社会生活中有许多需要人们遵守的规则，如果没有明确的行为规范教育，没有外部的行为准则，学生很难形成内在的道德。行为规范教育则能促进学生形成道德良知，让整个行为有法可依，稳定学生的情绪，将外部行为要求转化为内在的道德良知。行为规范教育能帮助学生形成良好的个性和品德，培养学生的独立性和意志力。

七、传统文化教育

中国传统文化是中华民族的瑰宝，是几千年来劳动人民智慧的结晶。从文天祥的"人生自古谁无死，留取丹心照汗青"到顾炎武的"天下兴亡，匹夫有责"；从屈原的"路漫漫其修远兮，吾将上下而求索"到鲁迅的"横眉冷对千夫指，俯首甘为孺子牛"，这些诗句都展示了中华民族的脊梁，这些人的精神凝聚成了中华民族的文化精华。民族传统文化对培养学生的创新精神、爱国主义、集体主义、继承和发扬中华民族的光荣传统都具有十分重要的意义。

八、科学精神教育

科学既是关于各个领域事物的具体规律性知识的系统化理论体系，又是探索世界奥秘和追求真理的科学实践活动。科学精神就是指由科学性质决定的，并贯穿于整个科学活动之中的精神状态。科学活动是一个复杂的系统，它包括科学精神、科学研究的具体方法、科学认识的物质手段、科学成果等诸多方面。对认识的真理性、客观性和辩证性的追求，是科学精神的首要特征。崇尚理性思考，也是科学精神的突出特点。加强科学精神教育，有助于人们树立对待大自然和社会的正确科学态度，有助于人们树立正确的三观，有助于形成创造性的思维。

九、敬业与奉献精神教育

敬业，即用一种严肃认真的态度对待自己的工作，认真负责，任劳任怨。敬业和奉献往往是紧密联系在一起的。所谓奉献，就是一心为他人、为社会、为国家做贡献。奉献是在贯穿敬业等优良职业道德品质的基础上长期产生的。雷锋、孔繁森等同志，之所以受到人们的尊敬，主要是他们在各自的工作岗位上兢兢业业、无私奉献。奉献可以说是社会主义职业道德的最高标准。一个人如果真正做到了奉献，他就能做到爱岗敬业、奉献社会。同时，一个人如果真正做到了奉献，他无论在什么场所，都能够爱国守法、团结友善。奉献是社会主义公民做人的最高境界，一个社会主义公民能够无私地奉献，那么他就是值得我们学习的榜样。

第六章 高职院校加强人文素质教育的体系建构

高职院校学生人文素质的教育不是形式主义的教育，而是要通过对学生进行人文知识、人文方法与人文思想、人文精神的教育来培养学生的思想道德品质，提高学生的文化修养，树立正确的世界观、人生观与价值观。具体说来，开展人文素质教育，要构建完整的教育教学体系。

第一节　准确定位培养目标

高职院校学生的人文素质培养目标与普通本科院校的培养目标存在一定的差异，主要表现在学生基础素质、发展方向与培养模式的不同。

德育目标。培养学生信仰马克思主义，向往共产主义，初步形成科学的世界观、人生观与价值观。使学生坚定正确的政治方向，坚持四项基本原则，坚持改革开放，热爱祖国；培养学生具有劳动观点、群众观点、辩证唯物主义观点和历史唯物主义观点，树立为人民服务的思想以及个人利益服从国家利益和集体利益的思想；培养学生具有很强的责任感，具有艰苦奋斗、无私奉献的献身精神，具有独立思考、实事求是、勇于创新的科学精神；培养学生具有高尚的道德品质和健康的思想意识，较高的法治观念，良好的组织纪律性，遵循社会道德规范和职业道德。

文化修养目标。文化修养是高职学生人文素质的基础，主要包括知识、能力、方法、仪态与民族性等方面。一是拓宽学生教育知识面，在培养深厚的基础文化知识基础上又具有较深的专业知识，具有政治理论、经济、社会、文学、哲学、历史、地理、法律、伦理等多种知识和能力在内的文化素质，具有比较广博的人文知识和人文修养，具有一定的理论分析才能、写作才能、表达才能、组织才能、艺术再现才能。二是增强高职院校学生的人文素质教育的逻辑思维和语言表达能力、组织协调能力、公关交际能力、创新能力。三是培养学生分析、观察问题和解决问题的方法，能比较客观、实事求是、理性地分析、观察和解决问题。四是培养学生的仪态，使学生掌握基本的语言美与行为美。五是培养学生具有中华民族的传统美德，努力拼搏、勤劳勇敢、勤俭节约、谦虚谨慎、与人为善等。

心理素质目标。使学生具有健全的人格、坚忍不拔的意志品质；承受挫折和痛苦的能力；良好的心理自我调节、保护能力；妥善处理人际交往的能力；积极向上、情感丰富、热爱生活、勇于开拓创新的心理品质。

审美素质目标。使学生掌握较完善、系统的艺术基础理论知识，具备比较高雅的艺术创作与鉴赏水平，懂得和善于发现生活中、自然中、作品中的多种美，并能够加以简单的评论，有文明的行为规范，有处理美、表现美的应用能力，有高雅不俗的谈吐等。

第二节　合理设置教学课程

人文课程的设立标志着人文进入教育，这是人类最早的自我意识与自觉意识。"七艺"的前三艺，即文法、修辞、辩证法，是无可争议的人文课程，人文是在古典教育中占据主要地位的道德学科。文艺复兴时期，对神学的批判使得人文教育更进一步发展。近代以来，科学主义观念广泛传播，以斯宾塞为代表的科学主义课程观仍然关注人文课程的设置，比如逻辑学、文学、史学、诗歌、音乐、绘画，即使在科学至上观点的影响下也未出现人文课程完全被排斥的局面。但在我国20世纪60~70年代将近30年的时间里，中国的人文课程是以两种方式加以削弱的，一是被取消，如音乐、美术课程等逐渐地被停开，伦理学、美学等课程逐步被取消，教育学、心理学也几经沉沦；二是被"社会化"，例如，文学、史学、哲学均被纳入社会课程。

高职院校在制定课程计划时要合理安排各类课程的比例，认真研究课程体系与结构，要保证文化基础课必要的课时，不得随意删减。教育活动主要通过课程道德形式展开，是教育的特性和功能的集中体现，因此，根据时代、社会状况、教育层次要求的不同，相应设置的课程也具有不同的特点。高职教育课程是指高等教育课堂教学、课外学习以及学生活动的目标体系和内容纲要，是教师教学工作和学生学习活动的总体规划。它涵盖显性课程和隐性课程。显性课程是指由教学计划所规定的必须学习的课程，隐性课程是指学校情境中以间接的、潜移默化的方式呈现的课程，如建筑、文化、业余活动、师生关系等。

爱因斯坦认为，学校教育的目的应该是"青年人在离开学校时，是作为一个和谐的人"。这就说明了仅仅学习专业知识是不够的，只具备专业知识，他可以成为一种有用的机器，但是这不能说明他可以成为一个和谐发展的人。"读史使人明智，读诗使人聪颖，演算使人精密，哲理使人深刻，伦理学使人有修养，逻辑修辞使人善辩"，思想家培根的一席话指明了学校显性人文课程的基本体系，不同的知识对人有不同的影响，还特别强调了人文知识在塑造完善的人方面所具有的不可替代的作用。

显性人文课程可分为四类：一是文化素养类，如传统文化、历史文化、文学经典欣赏等课程；二是审美情趣类，如美学基础、电影精品欣赏、艺术欣赏、思想与宗教等课程；三是社会科学类，如哲学、经济、心理、法律、社会等课程；四是人文知识讲座，如科学与人文的对话、经济与人文的对话、自我成长、创意、浪漫、人际关系等课程。

心理学的研究表明，人类个体普遍存在着先天的可暗示性品质，隐性课程就是借助于这种心理暗示对受教育者的心灵施加影响的。从形式上看，它没有确定的教育者，受教育者也并不确切地知道自己处在受教育的过程中。它依靠物化的环境如图书馆、实验室、大操场、教学楼、宿舍、食堂等学校的各种建筑物和设施，还有观念环境、情感环境、学术氛围、教师的精神风貌等来展开。与显性课程教学不同，隐性课程是在潜移默化中使学生获得情感、态度、气质、信仰、价值观等人文方面的收获，它们通常都是非学术性的。学习取得的成效不仅依赖的是学生的态度体验、情感体验，更多的是取决于他们非认知心理因素启动的状况。区别于传统的课堂形式，隐性课程没有枯燥乏味的课堂讲授，而是在轻松愉悦的环境中加入恰当的教学形式、开展形式多样的教学活动，学生在这样的氛围中积极主动地参与到课堂中，从而自然而然地吸收了人文的养料内化于心，作用于学生的一生。

第三节　开拓完善实施途径

有学者认为，在推进高校人文素质教育改革的过程中要克服几种错误的倾向。笔者同意这一观点，并认为加强和完善高职院校人文素质教育也要克服以下四种倾向：一是人文学科知识课程化倾向，将人文素质教育简单地理解为人文学科知识教育，设置人文学科知识课程，全面地加以课程化；二是人文素质教育泛化论倾向，即可以将人文素质教育转化为任何课程，认为人文素质就是大学文化素质教育的重点，主要是通过对大学生加强文学、哲学、历史、艺术等人文社会科学的教育，同时对文科学生加强自然科学方面的教育，导致出现人文课程的无限膨胀和学生课业负担过重的问题；三是人文素质教育隐性论倾向，主张人文素质只能是一种隐性教育，应当通过人文精神讲座、讨论以及环境熏陶，对学生实践的指导等加以提升，而不是简单的人文知识课堂教学；四是人文教育课程必修化倾向，主张以必修课形式强迫学生接受人文素质教育，导致出现以关心人、社会和自然为特质的人文教育与人文精神背离。

相较于普通本科院校，高职院校的学生的人文素质教育起步较晚，并且学生文化基础较差，加上在教学过程中偏重专业技能性教学和实践性教学，因此有必要根据高职院校教育教学的实际情况，构建科学、适用、可操作的学生人文素质教育实施体系。

学生人文素质的养成是受多种因素影响的。在人文素质教育的实施过程中要坚持"全员教育、全程教育、全方位教育"的原则，通过课程、生活与活动等多样化的形式来塑造学生良好的人文精神。在学校中学生不仅要学习知识，更要形成正确的世界观、人生观与价值观，在校学习的过程也是学生在学校生活的过程。

加强显性人文素质课程的整合改革。长期以来，我国高等院校的人文课程是以政治理论课的面貌出现的，从20世纪80年代初的"老三门"，到20世纪80年代末的"新三门"，20世纪90年代末，又改为"毛泽东思想概论""邓小平理论""马克思主义原理"和"政治经济学"四门课程。当前的高职院校的人文素质课程基本上援引这一课程模式，并且由于理论课程开设的时数与教师的数量、水平有限，许多高职院校的"新四门"开课都不足。因此，当前人文教育课题的重点应是调整和扩充设课内容，如结合高职专业教育的特点，开设"专业文化"和"创业教育"课程。通过开设专业文化课，让学生了解掌握与专业相关的历史、文化、发展前景等人文方面的专业知识，加大专业的文化内涵，稳固专业思想，夯实专业功底，激发专业热情。通过开设"创业教育"课，使学生了解国情、省情、市情，了解就业市场情况，树立主动创业的意识。

加强教师人文素质的养成与提高。在教育活动中教师发挥着巨大的导向作用，关系着人文素质教育开展的效果。教师的言行、气质、性格、修养、品德、知识等都起着春风化雨、潜移默化的作用。但当前的高职院校教师大多是"应试教育"的产物，许多教师自身专业知识不够全面，知识结构也不合理，人文素养也不高，很难开展好人文素质教育，所以全面提升教师的人文素养是人文教育的关键。杨叔子曾说过，教师"多了解些优秀传统民族文化，多了解些文艺知识，多提高些文化素养，无论从哪方面看，都是大有裨益的。"教师的人文素质在一定程度上影响着他具有严谨治学、敬业执教、乐于奉献、尽职尽责的精神和品格，影响着他真正做到教书育人，影响着他成为合格的教师。

德国哲学家黑格尔有句名言："教师是孩子们心中最完美的偶像。"在学生眼中，教师是社会的规范、道德的典范、人们的楷模。因此作为教师必须注重自身的修养，塑造完美人格，丰富基础知识、注重礼仪规范、言语表达优美、举止端庄得体、性格乐观向上、态度积极进取，以此来感染学生。正所谓"其身正，不令而行；其身不正，虽令不从。"

加强专业课程教学过程中人文精神的渗透。传统的专业课程教学，普遍采用统一的模式和方法来开展教学，课程有着固定的过程、方法和模式，而没有将其作为一种文化来传播。在专业课程教学与生产实训中，教师应积极主动地挖掘专业知识背后深厚的文化底蕴，并传递给学生。

加强校园文化建设。校园文化对于陶冶情操、磨砺意志、塑造学生人格等具有重要意义。校园文化是整个社会文化的一个组成部分，是一种具有引导性的亚文化。从其构成上看，它以物质条件为基础构建社会精神文化的统一。一是利用校园物质载体文化以培养学生的审美水平和艺术修养。校园文化不是一种以感官刺激为目的的流行大众文化，它是以全校师生员工共同创造的物质环境为依托的一种审美文化，是通过鉴赏美、评价美、创造美等活动来转变人的思想，提高人的素质。楼栋命名、校园雕塑、博物馆（舍）等无不陶冶品格。二是利用校园精神文明建设能够培养学生具有人和社会发展的人文精神素质。校园精神文明建设是校园文化的核心内容，是人文素质教育的重要环节，对学生的精神世界产生深远的影响。英国皇家督学阿纳尔德曾说："文化就是通过学习人们迄今所想出的和所说出的最好的东西而达到人类自身完美的活动。通过这种学习，人们就可以用新鲜的和自由的思想之泉水去冲洗掉自己陈旧的观念和习惯。"学校精神是校园文化的内核，是师生价值观与人生观的综合反映，学校精神发挥着影响学生的发展与社会的进步的重大作用。例如，开设人文学科方面的知识讲座，引导学生开展有益的读书活动、大师开列培养人文素质的推荐书目，举办丰富多彩的、格调高雅的艺术节、艺术活动等。

第四节　完善师资队伍建设

韩愈在《师说》中指出："师者，所以传道、授业、解惑也。"三个方面概括起来讲就是教书育人。苏联教育家苏霍姆林斯基也曾说过："请你记住，你不仅是自己学科的教员，而且是学生的教育者、生活的导师和道德的引路人。"教师承担着教书与育人的重要职责。这种职责是教师的高度自觉的活动，教师的责任心发挥着巨大的作用，它培育学生的认识能力、塑造学生的美好心灵。教师的职责首先是教书，作为高校教师首先要具有深厚、广博的学识。其知识结构包括广泛、深厚的文化科学基础知识；扎实、系统、精深的专业学科知识；全面、准确的教育学知识和心理学知识。只有知识渊博的教师才能培养出知识渊博的学生。然而，仅仅具有渊博的知识，满足于把知识传授给学生，从而完成课堂教学任务是远远不够的，还应该注重教书育人。在教给学生知识的同时，还应注重教给学生如何做人、如何做事。通过借鉴很多德高望重的优秀教师的经验可以发现，最能赢得学生尊敬的教师是那些可以把专业知识与人文素养都可以很好地传达给学生的老师。前教育部部长周济指出："仅做一个传授知识的'经师'是远远不够的，而是必须做一个关注学生精神成长，又能成为学生精神成长示范者的'人师'。"
英国著名的思想家、教育家洛克认为教师的责任在于培养学生良好的习惯，怀抱
德行与智慧，在学生向善的时候，给他力量、活力和勉励。他认为做教师的，"学
问是应该有的，但是它应该居于第二位，只能作发展更主要的品质之用。"也就
是说，高校教师在重视专业教育的同时，还要十分重视思想道德教育、人文精神
教育。我们培养的学生，不仅要有知识，而且要有智慧、有思想、有灵魂、有热血。
仅仅有知识的人，看到一块石头就是一块石头，看到一粒沙子就是一粒沙子；而
有思想、有智慧的人，却能从一块石头里看到风景，从一粒沙子里发现灵魂。更
为重要的是，一个有理想、有信仰的人，才是一个乐于奉献的人，才是可以为科
学献身，为人类的幸福献身的人。

一、教师在高职院校人文素质教育中的作用

陶行知说过："在教师的手里操着幼年人的命运。"陈省身也认为："要成为一
流的人才，就要在一流的环境里，跟一流的导师在一起。"教师是实施人文素质
教育的关键，也是培养学生成为具有较高人文素质人才的关键。教师的人文素
质水平在一定程度上决定着学生的人文素质水平。正所谓："其身正，不令则行；
其身不正，虽令不从。"教学不仅仅是传道、授业、解惑的过程，更重要的是培
养人的过程，是帮助学生成长的过程。在新世纪，我们应该更加关注社会文化软
实力。我国教育在面临多方面的挑战时，要在21世纪继续稳步前进，持续健康
地发展，跟上全球科技革命的步伐，避免文化的冲突和思想的下滑，必须在重视
经济、科技的挑战的同时，更多地关注文化的挑战，而教师的榜样示范作用对学
生的影响远比教师向学生传授的知识的影响更深远。

文化的影响虽然是渐进的，也是深刻的、长远的，它会影响甚至改变一代人
或几代人。因此，如果忽视或轻视人文素质教育，势必会导致民族文化素质乃至
整体素质的下降。人文教育的主要途径是课堂，而教师是课堂的引路人，如果教
师缺乏人文意识，学生就更不会在他的教学活动中获得人文精神的熏陶。人文素
质教育对教师提出了更新更高的要求，教师不仅要具备高尚的师德、较强的业务
能力，还要具备良好的人文素养，增加自身的人格感染力，适应新时期教育改革
与发展的需要，为社会培养出真正高素质的人才。

二、高职院校教师在大学生人文素质教育中的定位

因为教师是学生人文素质教育的直接培养人，所以教师要注意自身的言谈举止，给学生树立一个正确的榜样。多数学生在学习中，如果喜欢任课教师，那么他所对应的学科成绩也一定很好，这就是教师人格魅力的影响。所以，在对学生进行人文素质教育时，教师可以利用自身的人格魅力影响学生的人文精神的培养；反之，如果教师自身的人文意识就比较薄弱，那么，学生也很难从教学过程获得人文精神的熏陶。在现实教育中，大多数高职院校的管理者还没有对人文教育予以足够的重视，所以，很多教师更侧重于对学生专业知识与技能的培养，但对所学专业领域相关的法律法规以及道德标准等人文精神没有足够的重视。很多人认为这项教育是人文学科的专业知识，与自己没有关系，这种局面必然导致人文教育的缺失。

（一）高职院校教师是大学生人文素质的示范者

一个教师在教学态度与师德品质上都可以对学生产生较大的影响。所以，教师一定要给学生树立积极正确的思想观念，让学生从教师身上感受到人文素养的魅力。只有不断提高自身的道德修养和人格品质，才能引领学生树立正确的人生方向。

（二）高职院校教师是大学生人文素质的启蒙者

大学时期是学生接受人文素养的主要时期。学生在高中时期接受的一些人文知识的教育，都没有被正式提到人文教育的高度，只是潜移默化地熏陶学生。在社会不断发展的过程中，随着学生的成长，学生要面临很多社会伦理方面的问题，需要学生用人文素质来判定。所以培养学生的人文素质，可以帮助学生健康成长。

（三）高职院校教师是大学生人文素质的引导者

人文素质教育不同于具体的学科教学，因为它没有一本具体的教科书、一门具体的课程设置，这是一项较为虚拟的教育。面对当代大学生，传统的课堂形式已经不能吸引他们的注意力了。因此，在对学生进行人文素质教育时，要注意采用一定的方法而不是仍然采用传统的填鸭式教学。例如启发式教学可以引起

学生的好奇心和注意力，再结合一些真实的案例让学生真正领悟到人文精神的内涵。

三、高职院校人文素质教育师资队伍的完善

目前高职院校人文素质教育的师资队伍存在着不健全的情况，很多都是由专业课的老师顶上去的。在新形势下，为了加强高职生的人文素质教育的专业性，有必要配备一批具有较高人文素养的教师。

每个高职院校都有一定数量的相关专业的教师，在对高职院校人文素质教育的相关教师进行培训时，首先需要整合本校已有的师资资源。

第一，整合高职院校领导层中的人文素质教育教学师资。在我国绝大多数的高职院校中，人文素质课程教学的师资中有很大一部分都是由领导层代课的。他们有的是专业的人文素质教育教师，有的仅仅是为了补缺教育岗位。为了进一步增强高职院校人文素质教育的专业性，我们需要将其中专业的人文素质教师整合出来。

第二，整合全校教师中的专业人文素质教育教师。在传统的高职院校人文素质教育课堂上，通常是由辅导员来授课的。因为，我们需要对全校教师进行资源整合，有效地安排人文素质教育课程的教师。

第七章　高职院校大学生素质教育与创新能力培养

素质教育和传统教育是相对存在的。传统教育一直占据主导地位。随着社会的不断进步，为社会输送什么样的人才，以及什么样的人才才能适应社会的要求，一直是人们关注的话题。因此素质教育显得越来越重要。当今的社会需要的是人才，尤其是高素质的复合型人才。他们决定着国家未来的发展，决定着我国在激烈的国际竞争中能否始终立于不败之地。素质教育越来越受到社会各界的关注。素质教育是一种指导性教育，是一种长期的、有目的性的教育理念。

大学生的素质教育不仅有专业素质教育和思想素质教育，而且还包括道德素质教育、社会素质教育、心理素质教育、身体素质教育，等等。可以说大学生素质教育涵盖一个学生成长、成才过程中方方面面需要的内涵。

第一节　我国大学生素质创新教育存在的问题

当今社会就业形式多样化，市场经济的竞争也愈演愈烈，高等院校培养出的人才能否在激烈的竞争中脱颖而出，学生的素质的表现显得尤为重要。但是高等院校素质教育也存在着诸多问题。

一、深层次的历史原因

我国一直以来的教育方式是应试教育，尤其小学、初中、高中。升学的压力对于学生来讲一直是沉重的。在高考"指挥棒"的压力下，学校推行应试教育，过早的文理分科，学生只注重考试科目的学习，忽略对其它知识的学习和素质的培养，相当一部分学生连最起码的常识都不知道。进入大学之后，学生已经适应的应试教育被打破，出现适应不良等现象，致使素质教育的效果不大。传统素质教育在目标定位上盲目求大，部分院校甚至认为素质教育是单一的技术素质教育和思想素质教育，忽略了高等院校素质教育的多元性、内在性和稳定性。

二、部分教师专业技能不强，教学不能与时俱进

高等院校培养的就是高素质的技能型人才，因此教师的专业技能必须要过硬，这样才能更好地教育学生。部分教师的专业理论很扎实，但是在技术动手操作上，由于各种因素，比如操作的器材不足，或是器材比较老旧，所教的内容与时代脱轨，这使得学生就业之后还得从头学起，降低了学生的社会竞争力。

三、大学生自身心理素质的缺陷的原因

大学生的社会适应能力较低。相当一部分在校大学生存在着不同程度的心理障碍和心理异常。大学生心理素质欠缺的原因有：高等院校长期对大学生素质教育的忽视，侧重于对学生政治素养的培养，从而忽视了对社会公德的培养；社会大环境下的一些负面因素，以及家庭教育出现了不同程度的偏差，致使部分大学生忽视了对文明礼貌、道德素养的培养等；还有一些院校专业设置方向向就业好的、短期市场需求大靠拢，缺乏长远规划，从而忽视了对学生综合素质的培养；更重要的是，高校忽略了对学生内心的关怀，而且在教育的过程中，更是长期运用哲学教育的方式代替心理健康教育。

从上述可以看出，对大学生进行素质教育是各个高校面临的一个极为严峻的任务。本书第三章已经很系统地对素质教育进行了分析，此处不再赘述。下面着重介绍大学生素质教育与创新能力培养相结合的模式。

第二节 素质教育中加强创新能力培养的思路

素质教育对开发高校学生的智力思想、培养其良好的心理素质及优良的道德品质有重要的意义。随着国家对创新型人才要求的日益提高，各高校正致力于将培养高素质的创新型人才作为学校发展的重要理念，这也是新时期高校发展的重任。

根据我国高校人才培养的要求，确立与素质教育相结合并体现创新能力培养

的思路，需要我们认真研究并采取有效的手段和途径，以创新为原则，注重学生创新能力的培养。

一、高校招生侧重于考查学生的创新能力

高校的招生和录取，不能只注重高考成绩，以录取高分学生的数量来衡量学校质量的高低，只注重引进，而不注重培养，这样高分低能的学生会越来越多，对社会来说这反而是一种资源的浪费。高校要树立"高分并非人才"的观念，在招生录取中，既要参考学生高中阶段参加的活动，是否有重大发明、小制作及其它创新成果，又要在学生入学前测试学生的创新思维和能力，鼓励学生参加实践活动，培养其处理问题的能力；或设置情境，由学生自我思考、自我解决，改变仅凭一张考卷定高低的弊端，为高校实施创新教育奠定基础，并提供动力机制。

二、科学设置课程体系，不断更新教学内容

课程体系应区分专业理论课与实践课的差异性，突出实践教学环节，理论课要加大案例教学的比重，体现创新教育的实质。可以多创设情境，鼓励学生自主解决，重视非智力因素的培养，要求学生能够及时关注社会的发展变化，学会主动获取新知识的方法。随着科学技术的进步和信息化社会的发展，知识的更新速度越来越快，要求高校精选教材，及时补充和更新教学内容，充实学科的前沿知识，还可以通过拓宽专业设置，实现文理渗透、中西结合，使学生更好地掌握并利用科学技术，适应社会的需要。

三、加强启发教育模式，改革传统教学方法

从根本上改变学生死记硬背、照搬课本的习惯，高校教师要科学设计启发教育模式，改变传统的教学方法。要积极实现由教师为主的课堂模式向以学生为主的新模式转变，课堂教学时师生应多交流、多探讨，突出学生的主体地位；学生提出的有创新思想的独到见解，教师应给予鼓励；提倡学生自学并鼓励师生之间的交流与互动；运用现代传播手段开展教学，鼓励学生充分利用网络等现代化工具，多动手、多思考，激发学生自主创新；考试也要减少对记忆性知识的考查，

重视学生创新能力的考查，增加可以让学生自由发挥的试题，转换考试的固定模式。

四、合理安排实践教学环节，培养学生的实际动手能力

通过实践让学生在独立思考的同时，活跃自己的思维。高校开展的实践性教学，可以从内外两方面展开：校内建立创新基地，定期举办大学生创业大赛，数学建模大赛等活动，组织专家评审，成绩优秀者给予物质、精神奖励；校外要加强高校与企业、社会的联系，使企业和社会能给大学生实地考察和学习的机会，鼓励并支持学生到其单位实习、参观和考察，弥补课本知识的不足。高校还应设立专项资金，既用于鼓励学生开展创新活动，又用于学生外出实习的费用。

五、健全并巩固创新的成果，做好相应的保障工作

营造创新环境、实施创新教育，就要真正实现由"封闭式"向"开放式"体制的转变，出台相关的管理措施和规章制度，将创新作为素质教育的核心内容，使学生能够根据个人的兴趣和爱好，构建适合自己的知识结构，充分发挥自己的聪明才智，保证已有的创新成果能够得以推广。学校、社会还要加强联合，建立科学、有效的创新体制，共同为学生营造一个创新的环境。

大学生的素质教育，不仅要强调思想道德、文化知识，更要使其深刻领悟创新的实质，体现创新的思想。创新是一个国家兴旺发达的不竭动力，因此，高校的素质教育只有走创新之路，才能从根本上推动高校的发展，为赶超世界发达国家的经济水平、实现中华民族的伟大飞跃服务。

第三节 大学生素质教育与创新能力培养有效结合的模式

素质教育的全面提倡始于 20 世纪 90 年代中期。但由于我国正由计划经济向市场经济转轨，素质教育并没有引起高校的足够重视，许多高校仍将加强科学

研究、推动科技创新、促进经济发展作为学校的重任，造成高校的素质教育只侧重于学生的道德教育、日常行为表现等，还不能与现实充分结合。随着社会的发展，国与国之间的竞争日益激烈，科学技术发展迅速已达到史无前例的程度，信息化社会使社会更新速度加快，这些变化所带来的挑战使我们不得不反思国家的进步、经济的发展等关系国家前途和命运的问题，这一重任自然落到高校的头上，因此各高校应树立培养创新人才的意识，尽快培养高素质的创新型人才。创新能力的培养固然重要，但还要依托于高校的素质教育，这样才能真正体现出国家和社会创新的真谛。

素质教育不仅可以培养学生的创新能力，还可以改变目前我国高校偏自然科学知识、轻人文社会知识，重应用、轻理论的弊端，使高校的学生既有基础专业理论知识，又能根据已掌握的理论知识，主动关注世界，了解和把握世界最新的发展动态，为我国赶超世界先进国家的科技和经济水平、缩小与世界的差距奠定人才基础，从整体上提高我国的人才质量。

总之，提高我国国民素质，推动国家的创新，必须尽快培养一大批高素质、高质量的创新型人才。在实施素质教育的过程中，不断地培养学生的创新能力，发挥我国的人才优势，占据国际竞争的制高点，是我国面对科学技术突飞猛进、综合国力竞争日趋激烈的新时期条件下做出的必然性选择。

培养高素质的创新型人才是高校教育改革的重要内容。本章通过对创新型人才的基本特征与素质结构的分析，提出了以教育模式的改革促进创新人才培养的教育理念，进一步完善和发展了高等教育创新教育模式，实现了优秀大学生科研与创新能力的个性化发展，对新世纪创新人才的培养具有重要意义和推广价值。第三次全国教育工作会议指出：实施素质教育，就是要全面贯彻党的教育方针。因此，大力推进"科教兴国"，实施"教育创新"，努力培养广大青年学生的创新意识、创造能力和创业精神，造就一代适应未来挑战的高素质人才，已成为21世纪实现中华民族伟大复兴的时代要求。学校作为培养创新人才的重要基础之一，其责任更加重大。

一、创新型人才的基本特征与素质结构

（一）创新型人才的基本特征

所谓创新型人才，就是具有创新意识、创新精神、创新思维、创新能力并能够取得创新成果的人才。创新型人才是社会中"新知识的创造者、新技术的发明者、新学科的创始者、新路径的引领者"。其基本特征就是具备"出色"的能力，主要表现在四个方面：一是心理调节能力；二是逻辑分析能力；三是比较联想能力；四是沟通协作能力。

（二）创新型人才的素质结构

当代社会的创新型人才应该具备以下几个方面的素质：对科学、创新执着的追求，广博的知识，高度发达的智力和能力，开阔的发散型的思维、敏锐的洞察力和独特的敏感性，并应具有坚韧不拔的意志和敢于探险、勇于献身的精神。

（三）以教育模式创新促进创新型人才的培养

1. 组建一支高素质的师资队伍，为培养创新型人才提供可靠的保障

教师是实施创新教育的主导，要培养具有创新精神和创新能力的人才，必须要有一支创新型师资队伍。首先，教师要保持思想观念上的超前性，不断提高实施创新教育的自觉性，在教学过程中有意识地加强学生创新意识、创新思维、创新能力、创新人格的培养；其次，要根据创新型人才培养的需要，加强创新教育的研究和实践，不断深化教学内容、教学方法与手段及考试方法等方面的改革。教师不应满足于"传道、授业、解惑"的传统功能和作用，而应摒弃"一言堂""满堂灌"的弊病，发挥组织、引导作用；最后，要具备知识素质和能力素质，掌握系统的专业知识及广博的相关学科知识，具有终身学习的能力和掌握较好的现代化教育技术手段。

2. 改革课程体系，适应培养创新型人才的需要

要实践创新教育，必须推进人才培养模式的改革，树立多方面人才观，采取多样化的培养方式，因材施教，为创新型人才成长创造良好的环境及条件。一是拓宽课程选择面，完善课程转换体系，使学生可以跨专业、跨院系学习；二是开

设相关选修课程，加强文化素质教育，为学生的创新活动提供深厚的文化底蕴；三是实施主辅修学习制度，加强复合型人才的培养。鼓励学有余力的学生跨学科、跨专业修读喜欢的辅修课程、辅修专业和第二学位专业；四是实施第二课堂培养计划，将第二课堂开展的思想教育活动、科技创新活动、文化体育活动、社会实践活动等纳入创新型人才培养体系，将课内培养与课外培养相结合，全面提高学生的创新能力和综合素质；五是开设"创新学"课程，训练学生的灵活性思维、求异性思维、发散性思维和逆向思维，激发他们的创新潜能和创新的主动性，掌握创新思维的策略。

3. 制定多样化的人才培养方案，以多样化教育培养创新人才

大学要以更新教育思想和转变教育观念为先导，以实施素质教育为主线，以制定和完善具有多样性特色的人才培养计划为龙头，逐步实现教育观念的四个转变。一是由注重专业对口教育向宽口径综合素质教育转变；二是注重知识传授向注重创新精神和实践能力培养转变；三是由注重共性教育向注重个性发展、因材施教转变；四是由注重学科系统性向多学科交叉、融合转变。采取"宽口径、厚基础"的培养模式，从经济类和管理类学科中筛选出部分课程，作为多学科的必修课程，并把数学、外语、中文、计算机以及政治理论课作为教学的重中之重。

4. 更新教学内容，改革教学方法，提高教学质量

把最新的科学研究成果和科学概念及时地融入教学实践中，体现教学内容的时代性、开放性、多元性与全面性。在教学中要充分利用多媒体教学等现代化的教学手段，通过声音、图像等多种表现形式，使学生对知识掌握得更加透彻、形象，激发学生的学习兴趣和创新激情；利用课堂辩论、计算机辅助教学授课、学生讲课和专题辩论等方法，激发学生的求知欲与想象力，树立以学生为主体的教育观念，改变传统的"满堂灌""填鸭"式的教学模式，采取启发式和讨论式教学，激发学生独立思考的意识和勇于探索的精神。

5. 激发创新意识，调动创新积极性，多途径培养学生的创新能力

创新素质的培养至关重要的是培养学生的创新意识。学校要把培养学生创新精神和提高学生的创新能力作为教育的核心，将其贯穿于教育的全过程。学校应鼓励学生积极参加全国、省、市等各级各类科技竞赛，如电子设计大赛、数学建

模、"挑战杯"课外科技作品竞赛等，使学生在参与过程中树立创新意识、学习创新方法、提高创新能力，从而激发学生创新的积极性。

6.加强实践性教学，鼓励学生积极参与科研活动

大学要十分重视教学过程中的实践性环节，把它作为培养学生养成分析问题和解决问题能力的重要一环；要加大实践性教学在课程体系中的比重，并不断更新其内容；要充分利用大学实验室的科研、人才和设备优势，建立实验室向本科生开放的机制，使学生可以根据其自身兴趣，在实验教学的指导下，从事自主创新实验，熟练使用相关专业设备及仪器；要重视学生的实习过程和效果，当学生在掌握了一定的专业知识后，应安排优秀学生参与科研活动，让学生尽快接触科研课题和生产实际，通过科研实习使其融入良好的科研氛围，并在科研人员的指导下有目的地参与科研活动，接触导师、接触专业研究领域、了解学科前沿和科研课题，培养学生具有传播科学文化知识、高度分化和高度融合知识的能力；要注重大学生的生产实习和社会实践，这样有利于学生把所学的理论知识运用于实际工作，学到许多在学校、书本中学不到的知识，以提高其观察能力和动手操作的实际能力，积累有关的工作经验。

实践证明，学生只有走出校园，走向社会，才能开阔眼界，了解社会，了解国情，激发自己的创造动机，把自己所学的专业知识紧密地联系实际，使自己的才智得到较好的发展。

新时代对大学生的素质要求越来越高，实践能力和创新能力作为大学生的一项重要的基本素质，在人才培养和市场竞争中的作用越来越重要。实施素质教育则是培养大学生实践能力与创新能力的立足点和突破点。针对目前高校大学生实践能力和创新能力培养的现状，对实施素质教育模式下如何培养大学生实践能力和创新能力进行相关探讨。传统的教育模式、教学内容和教学方法、创新和科研机制制约了大学生实践能力和创新能力的培养，因此，增强素质教育观念、改革教学体制、创建创新科研平台、建立评估制度和激励政策是培养大学生实践能力和创新能力的有效途径。

第四节 高校大学生素质教育与创新能力培养的关系

社会经济的快速发展对大学生的实践创新能力的要求越来越高。高等院校全面实施素质教育是培养大学生实践创新能力的立足点，而培养实践创新能力也是素质教育的核心，二者相辅相成。本节辨析了高等院校素质教育和创新教育的关系，解决了高等素质教育和创新型人才培养中遇到的困难，并从研究型课堂教学、校企合作和顶岗实习三个方面对素质教育模式下实践创新能力培养途径进行了探讨，旨在提高高校大学生以实践创新能力为核心的全面素质，使其适应社会和经济发展的需要。

一、高校素质教育和创新教育的相互关系

现代教育正在向素质教育和终身教育转化，学习将成为个人生存、竞争、发展和完善的第一需要。素质教育是我国实施教育改革的基本方向，是以提高学生综合素质为目标的教育模式，以学生为主体，注重学生身心潜能和个性发展。高等院校的素质教育应强调培养学生的人文素质、科学素质和实践创新能力素质。

随着社会和经济的发展，创新教育又被提上了日程。创新教育是全面实施素质教育的核心，强调对当代大学生实践创新能力的培养。高校创新教育培养学生适应社会和经济发展的综合能力，特别是创新意识和创新能力，为终身教育打下坚实的基础，达到完善自我和适应社会的目的。高校教育作为高等教育的一部分，其责任是培养具有创新精神和实践能力的高级专门人才，这是时代和社会发展的需要，更是教育自身发展的需要。

素质教育是创新教育的基础，创新教育是高层次的素质教育。实践创新能力是创新素质教育的核心，是一个人综合素质的最好体现。全面素质发展包括创新素质，是创新精神与创新能力发展的基础，而培养创新精神与创新能力是全面素质教育的提升。因此说，素质教育包括创新教育，创新教育是高质量的素质教育，两者是一致的。高等院校要积极顺应时代需要，结合实际全面开展素质教育，重视大学生实践创新能力的培养。

（一）创造性是素质教育的本质特征

素质教育的重要目标是发展学生的主体性，培养学生的创造精神和实践能力。在人的基本素质培养中，创造力是根本的素质；在人才的诸多特征中，创造性是最本质的特征。没有了创造性，人类社会就不可能有进步和发展。我国社会主义现代化建设需要具有创新精神和实践能力的人才，因循守旧、循规蹈矩的人往往适应不了当今高科技发展的要求。杨振宁教授说："教育的成功在于使每个人的能力和创造力得到最充分的开发。"素质教育就是要培养、鼓励、发挥学生的创造潜能，激发其无穷的创造力，努力培养其创造力，以适应21世纪的人才竞争的需求。

（二）创新教育是全面实施素质教育的有效途径与方法

创新教育就是根据创新原理以培养学生具有一定的创新意识、创新思维、创新能力以及创新的个性为主要目标的教育理论和方法，使学生在牢固、系统地掌握学科知识的同时发展他们的创新能力。创新教育不同于传统的知识教育和智能教育，而是把二者有机地结合在一起，既让学生获得了系统的知识和基本技能，又使其智力潜能得到充分开发，同时还使其精神得以升华。通过创新教育，可以使学生学会创造性地获取知识，创造性地思考和创造性地解决问题。

二、高校素质教育和实践创新能力培养的困惑

（一）体现"能力为本，素质为魂"的教育理念

我国高校教育是培养高等职业技术人才的素质教育，是以职业能力培养为核心的全面素质发展教育。高校教育必须强化职业能力培养，注重发现问题、解决问题的能力训练，体现"能力为本"的高校教育理念。高校素质教育对学生实践创新能力的培养应渗透到素质教育过程中，使"创新"成为一种思维习惯，成为大学生行为的一个组成部分。但不少高等院校只重视职业能力的训练，忽视专业理论和文化知识教育，不能适应培养目标需要，影响了高校毕业生的就业和发展。高等院校在注重"能力为本"的同时，还应体现"素质为魂"的理念，重视学生思想道德、科学文化和身体及心理等综合素质的培养教育，这是培养高素质应用型技术人才所必需的，也是时代发展和社会的需求。

（二）素质教育要面向全体学生，贯穿人才培养整个过程

我国高等教育已经从精英教育过渡到大众教育，素质教育要面向全体学生，贯穿整个教学过程，而不是只针对极少数优秀生，也不是只针对某个教学环节。素质教育是以学生为主体，让学生学会做人、求知、生活和审美，使学生在德、智、体等方面得到全面协调的发展。实践创新能力的培养不是一蹴而就的，不仅仅是某一个教学环节的任务，而应贯穿人才培养的全过程。课堂和实践教学是素质教育的主阵地和主渠道，应在教学过程中充分挖掘课堂教学的素质教育功能，可以分为以下三个阶段：第一阶段，注重公共基础课堂的作用，通过课堂教学和宣传，激发学生的学习兴趣，培养学生的创新意识。第二阶段，注重学生自主学习能力的培养，增加学生知识储备，适当增加部分专业课程和前沿学科课程，为学生参加创新实践打下坚实的基础。第三阶段，学生在教师指导下参与创新实践，确定选题，开展研究，并完成相应的研究活动。

（三）高校创新教育要面向全体学生，培养其实践创新能力

创新人才培养是许多高等学校的办学目标之一，当然高等院校也可以培养创新人才。但创新人才是在工作实践中成长起来的，高校所确定的培养创新人才的目标只能是一个对大学生未来发展的预期目标。高校预期目标应该是培养基层创新人才，即社会物质生产、社会服务、精神生产和文化传播一线工作人员，其价值体现在企业技术改良、工艺改进、文化知识物化等过程中，创造基层文化与精神财富，改良局部社会风气等。高等院校创新教育的重点不应是创新人才的选拔，而应面向全体学生，培养其实践创新能力，为不同潜质人才的脱颖而出创造成长的空间和机会，使其最终成为真正的创新人才，成为推动社会科学文化不断发展进步的主要力量。

三、高校推进素质教育，提高实践创新能力的途径

在全面实施素质教育的十几年中，教育部曾多次发文强调加强实践教学，切实提高大学生的实践创新能力，要求高校积极推动研究性教学，使高校学生参与教师科学研究项目或自主确定选题，开展研究，使其提高实践创新能力。

（一）增强素质教育实践创新观念，充分发挥研究性教学作用

素质教育理念与实践创新能力培养应基于加强实践教学的支撑，实践教学对创新人才的培养起着至关重要的作用。高校教育要积极顺应时代要求，结合实际开展素质教育，重视培养大学生的实践创新能力。培养大学生的综合素质和实践创新能力的途径应以学习为主，而学习应以课堂教学为主，因此课堂教学依然是全面实施以培养实践创新能力为核心的素质教育的主阵地。高校要把素质教育观念贯彻到课堂教学过程中，应用研究性教学模式，在教学过程中培养学生的实践能力和创新能力。研究性教学体现了"寓学于研"的核心思想，充分发挥学生的主观能动性，激发学生的求知欲和创造力，培养学生的创新能力。第一，在内容上，研究性教学是指让学生参与教师科学研究项目或自主确定选题，开展研究，把创新活动纳入教学计划；注重学生的共性和个性培养，努力开发学生的潜能；增加学生实践活动的机会，鼓励学生参与社会实践和科学实验，使其长见识、增才干。第二，在教学过程中，以学生为主体，开展讨论式、启发式、参与式教学。教师可以结合自己的科研项目和科研成果，让学生了解最前沿的科研动态，增强学生的科研素质和创新意识，培养学生的科研理念，推动学生去思考、创新，实现实践教学与科研项目实验研究相结合，激发学生创新思维和科研兴趣。第三，注重课外教育，营造校园文化和学术氛围，重视学生科技创新能力的培养。高等院校可以结合课堂教学，聘请著名的专家学者，开展各种学术讲座和报告会，搭建学术交流平台；成立社会实践社团，组织学生操作技能大赛、文艺汇演、演讲会等大型实践活动，提供实践创新机会；同时，积极鼓励学生进行科技创作，为学生展示聪明才智、发明创造搭建个性化的舞台，逐步形成适应素质教育和创新能力培养的校园文化和学术氛围。第四，在考核环节，将大学生实践创新活动纳入素质教育考核标准，把大学生参与实践活动、科研活动的成绩纳入考查内容，提高大学生参与创新的积极性，提升其实践能力和创新能力。

（二）深化校企合作，建立互利双赢的人才培养模式

高校教育以培养面向生产、管理、服务一线的技术型、应用型人才为主要目标，是技术型、应用型的高等教育，这决定了实践教学的重要作用。校企合作是学生提高实践创新能力的必然渠道，在高等院校人才培养的过程中取得了一定的

成效。但一直以来不少企业经营者认为企业只是人才的接收者，不是人才培养的参与者，普遍出现了"校热企冷"的现象。高校应该强化市场经营意识，深化校企合作，使企业积极参与到学校人才培养的过程中来。从营销的角度看，企业是高校的目标顾客，顾客所需的是人才，人才是企业赖以生存与发展的重要资源，企业需要人才储备和人才培训。对此高等院校可以充分发挥资源优势，引进会员制的市场营销运作模式，建立校企互利双赢的人才培养模式，实施校企双向会员制。

校企双向会员制是指高等院校紧扣企业的人才需求，吸纳企业为会员，使高等院校和企业的资源利用达到最大化，使企业参与到学校人才培养中来。根据权限大小，可将会员分为初级、中级和高级三个级别。初级会员可以参与高等院校人才培训，企业安排等量学生顶岗实习，相互开放相关的软硬件资源，达到人才培训的目的。中级会员可以参与高校人才建设，拥有委托培养、毕业生优先挑选等权利，达到企业人才储备的目的。高级会员可以开展横向项目合作，共享创新资源和创新成果。校企合作的有效实施，可以做到共同担责，共同受益，解决"校热企冷"的问题，深化校企合作，提高学生的实践创新能力。

（三）推进顶岗实习，深化校企会员制度

高等院校顶岗实习是指在完成教学大纲规定的基础课、理论课和基本技能强化训练教学后，学校组织学生到企事业单位顶替职工工作，完成生产实习任务的一种新型教学模式。顶岗实习环节开启了高校学生职业生涯的第一步，是培养实践创新人才过程和实践教学环节的重要组成部分。顶岗实习给学生提供了客观真实的锻炼机会，使其在实践中提高适应环境和解决实际问题的能力，全面提高了其综合素质和实践创新能力。另外，顶岗实习有利于学生及时掌握就业信息，增加了学生的工作经历并使其形成务实的择业观，顺利实现就业。高等院校要不断提高顶岗实习的组织管理水平，推进和巩固校企合作，促进高等院校人才培养质量的提高，使高校教育真正服务于社会和区域经济发展。

根据校企会员制协议，高校的培训团队与企业的实习导师配备可以是对等关系。企业提供专业对口的岗位，接收高等院校学生上岗实习，并对其进行管理、指导和评价，履行会员义务。企业还可以通过师徒关系，帮助学生融入企业文化，

减少实习对生产运作的影响，端正学生的实习态度，促使他们全身心投入到实习工作中，使其形成企业认可的职业素质与实践能力。企业有权根据学生实习情况和用人需要，与中意的实习生签订就业协议，也可以淘汰表现差的实习生。

第八章　高职院校大学生人文素质拓展渠道

近年来，在教育部大力推动下，我国高校人文素质拓展教育取得了丰硕的成果。但目前我国高校尤其是高职高专院校，对开展人文素质拓展教育的方法和规律的研究仍然相对缺乏，高校应重视大学生人文素质教育及其研究。有一些高校取得了一些成绩。例如佛山职业技术学院在具体操作上，吸取传统专业教育的经验和教训，一方面注重引导和激发师生参与人文素质教育的主动性和积极性；另一方面，结合学校自身特色和时代要求，积极搭建人文素质拓展平台，开展富有自身特色的人文素质拓展活动，搭建行之有效的人文素质拓展渠道。本章将探讨大学生人文素质的拓展渠道。

第一节　举办高校名师讲坛

现代大学之"大"，既有"大师"之"大"，也有"大楼"之"大"，另外还有学科、专业向综合型方向发展之"大"。充分利用现代大学之"大"，营造校园人文素质拓展的氛围，为大学生搭建学校层面的拓展平台非常重要。

举办高校名师讲坛是大学生人文素质拓展的第一大渠道。名师讲坛是开展人文素质拓展的重要形式之一，为大学生有效地丰富知识、增长见闻提供了文化盛宴。有研讨价值和学术水平较高、知名专家或领域里的翘楚围绕领域内问题进行的学术讲座；有社会名人，包括知名科学家、政界要人、著名高校校长等所做的演讲、讲座；有主题宽泛的"自助餐式"自由的论坛或研讨式讲座，听者可以根据自己的兴趣爱好，与授课者自由地讨论交流。各界名流到校园开展讲座，既是对讲座者本人思想的传输，也让在校大学生博采众长、兼收并蓄。校园讲座作为培养时代人才的一个重要手段，能够帮助和引导大学生在知识高速增长的现代社会，超越自身学科专业的局限，形成敏锐的创新意识和较宽的创新视野。每一次名师讲坛，都能给学生带来心灵的启发，使其成为每一次知识、精神盛宴的享受者、感染者和受益者。许多高校在开展讲座活动的过程中也注重品牌的塑造，形成具有自身特色的校园文化品牌。

高校名师讲坛是传播知识、传承文明的平台，也是和谐校园文化的重要组成部分，在提升学生人文素养和促进学生全面发展方面发挥了重要作用。首先，高校名师讲坛作为创新和谐校园文化建设的载体，其本身蕴涵着学校自身深厚的文化底蕴，展现出各自校园文化的特色；同时作为优秀校园文化品牌的标识和文化交流的良好平台，发挥了启迪思维、塑造人格、弘扬先进文化、传承大学精神的作用。其次，名师讲坛也是弘扬优秀传统文化、提升人文素养的窗口，作为一个文化交流的平台，其打破了区域的界限，促进了文化的交流。在名师讲坛会上，广大师生可以与主讲嘉宾进行跨学科、跨领域的交流，并进行互动式讨论，这激发了师生的创造性思维，为广大师生打开了一扇文化窗口，开拓了师生的文化视野。再次，高校名师讲坛又是加强优秀传统文化教育的有益补充，是素质教育的开放课堂，是大学生与外界沟通交流的新平台。专家们的解读和讲解，增强了大学生学习传统文化的兴趣，有效地强化了大学生素质教育的效果。高校名师讲坛已成为大学校园中一种普遍的文化现象，其自身独特的形式在丰富校园文化生活、活跃学术氛围、提高学生人文素养、充实大学人文精神等方面发挥着积极的促进作用，其越来越受到高校领导的重视和广大师生的欢迎。较之传统的课堂教学，高校名师讲坛更具有灵活性、针对性、时代性，更能活跃学习气氛、激发学习兴趣，从而提高学生的综合素质。最后，高校名师讲坛适应时代发展的要求，创新了大学生人文素质教育的形式。其主讲内容紧跟时代步伐，目标定位符合学生需求，在启迪思维、塑造人格、弘扬先进文化、传承大学精神、提升大学生的人文素养等方面的作用日益凸显。

综上所述，高校名师讲坛在人文素质拓展教育中发挥的作用主要表现在三个方面：

第一，高校名师讲坛，不仅丰富了大学生人文素质教育的内容，而且有利于提升大学生的人文素养。

我国很多职业院校的名师讲坛在创办之初就依托地域文化、校园历史传承、校园标志性景观或校训等来命名，本身就承载了一定的文化内涵，赋予了大学生人文素质教育新的内涵。针对学生的不同需要，邀请国内外著名专家、学者、社会名流前来讲学，向学生传递当今时代政治、经济、科技发展的前沿思想和分享研究成果，为学生分析解读世情、国情、形势政策等社会热点，与学生一同分享历史文化、文学艺术、经济金融等人文关怀。通过一场场精彩的讲座，使大学生开阔了视野，活跃了思维，增长了见识，丰富了人生感悟，激发了学习的积极性、主动性，这为学生学好专业以及今后的发展奠定了坚实的文化基础和深厚的人文底蕴。

第二，高校名师讲坛是加强大学生人文素质教育的有效途径，有利于增强大学生的社会责任感。

加强和谐校园文化建设，全面实施素质教育，促进学生健康成长和全面发展，是高校的办学追求和目标。近年来，各高职高专院校纷纷开设名师讲坛，以名师讲坛为载体，推动大学生人文素质教育，凸显了其重要的文化价值。讲座嘉宾从传统文化到现代文明、从国际形势到民族伟大复兴、从思想道德到成人成才、从哲学伦理到学术前沿……娓娓道来。他们展现出的丰富人生阅历、崇高爱国情怀、渊博学科知识、严谨治学精神，深深地感染着每位倾听者，使大学生升华了人格，提高了境界，振奋了精神，激发了爱国主义情怀。高职高专院校名师讲坛不仅活跃了校园学术氛围，丰富了校园精神文化，而且也成为加强大学生人文素质教育的有效途径，培养了大学生的人文精神，增强了大学生的社会责任感。

第三，高校名师讲坛作为文化交流的平台，有利于强化大学生人文素质教育的实效。

如今社会在人才选拔上越来越重视其人文素质，而且教育界呼吁加强人文素质教育，许多大学生开始认识到人文素质对自身素质发展的重要性，并付诸行动，以提高自身的人文素质。同时，高职高专院校采取开设通识课、加强师资培训、在思想政治教育理念中强化人文素质教育、改善校园文化建设等一系列措施使大学生人文素质教育取得了明显成效。

以佛山职业技术学院为例，学院立足于以良好的人文环境促进大学生人文素质培养，将名师讲坛作为大学生人文素质拓展的第一大渠道，为大学生人文素质拓展搭建平台，借助这一平台推进学院人文素质拓展教育，并且收效显著。我校结合专业特点，整合各类讲座，打造富有学校办学特色的讲座品牌，形成三个体系，即以社会知名人士为主体的社会名流讲坛，以知名企业家为主体的企业家讲坛，以知名校友为主体的杰出校友讲坛，每年重点打造约20期精品（大约每两周一期）；在讲座的选题方面，以在人文领域有着深刻的见解、最前沿、有思想交锋的热点社会问题为主，包括社会、政治、经济、文化、艺术等主要内容，旨在通过充分利用丰富的校内外资源，努力满足我校大学生人文素质拓展的实际需求，拓宽学生在经济、社会、科学等更多领域的视野，引导学生追求高品位文化和主流价值，营造校园传播优秀文化的氛围和良好的精神文化氛围，培养大学生的人文气息，丰富大学生的精神生活，提升大学生的精神境界，提高大学生的人文素养，为大学生人文素质拓展提供有力支撑。

第二节　修建校园文化长廊

大学文化是一所大学在传承、整理和创新知识的过程中所创造并能体现自身思想观念和价值追求的文化，是学校师生在长期的实践中逐渐形成的思想观念、心理素质、价值取向、行为准则、作风等，是具有学校个性的行为方式。它反映了学校的办学宗旨和教育思想，是师生共同创造的具有校园特色的人文环境和营造文化氛围。校园文化是一个学校的灵魂，是一个学校的精神所在，对学生的道德观念、伦理观念、思维方式等都会产生深刻的影响，同时又能促进学校事业全面协调发展，增强学校创造活力，实现校园安定有序运行。因此，校园文化是社会文化体系中最活跃、极具感染力和创新潜力的亚文化。大学文化沉淀着丰厚的人文底蕴，其独有的时代性、互动性、渗透性、传承性、开放性特征，确立了其在高校育人中的特殊地位，深刻影响着大学生的人文素质教育，独特的校园文化是大学生人文素质教育的重要途径。

建设校园文化长廊是大学生人文素质拓展的第二大渠道。校园文化长廊与校园文化之间相互联系、相辅相成。一方面，校园文化长廊是校园文化教育的潜在、隐性内容，通过环境的熏陶、活动的开展，以"润物细无声"的渗透方式调动人的情感体验，达到情感的交流、沟通、净化和升华，从而为学生在政治思想方面和价值取向的选择上奠定良好的文化基础和审美根基；另一方面，校园文化长廊以育人为本职，以传承校园精神为己任，作为一种特殊的教育资源，在校园文化建设中发挥着重要的作用。

校园文化长廊能够使大学独特的校园文化外化为不同的教学理念，从而使高校不断完善大学生人文素质教育理念；校园文化长廊能够为人文素质拓展营造良好的环境氛围，为大学生人文素养的形成提供丰富的精神养料。因为大学文化积淀着一个学校的人文传统，能够在潜移默化中凝聚人心，通过环境氛围感染、熏陶大学生，使其自觉地注重良好人文素养的形成。同时，通过校园文化长廊的建设，提升校园文化的品位，起到对大学生人文精神的培养和塑造的"润物细无声"的作用，将校园文化建成特色鲜明、充满人文气息、沉淀丰厚的人文底蕴、学术空气浓郁、环境幽雅宜人的校园文化，使学生在优美的环境中启迪思想、陶冶情操，在潜移默化中提升人文素养。

校园文化长廊对校园文化的整合作用，主要体现在以下几个方面：一是以先进文化为指导，通过显性的人文环境建设来推动隐性的政治文化建设，以确保校园主流文化的地位；二是重塑大学人文精神，结合学校自身的历史传统和办学特色，挖掘自身独特的校园文化，建设特色鲜明的校园文化；三是精心设计校园人文景观、校园绿化、校园文化墙等，使学生一跨入校门就能感受到校园独特的文化气息，感受到美的震撼。

校园文化长廊是校园文化最直观的反映，作为大学生人文素质教育的最丰富、最感性、最直接的载体，它标志着一所学校的学风和校风，是人文素质教育社会参与实践的重要形式，对学生人文素质的塑造和培养具有潜移默化、润物无声的作用。为切实加强校园文化建设，营造浓厚的校园文化氛围，优化、美化学校育人环境，培养和提高学生的人文素养，进一步推动和促进全校人文素质拓展教育工作，佛山职业技术学院在抓好校园环境美化和教育教学工作的同时，切实抓好校园文化长廊建设。学院于2015年9月开始进行"校园文化长廊"的深化设计及专项设计招标，经过一年的组织酝酿，于2016年6月启动建设。校园文化长廊的建设，旨在服务于校园文化建设，通过这一校园建筑传递学院人文精神，使其成为全校师生不断努力进取的文化精神动力，始终激励和鞭策每一位师生去自觉传承与发扬学院人文精神；与此同时，将此建筑作为第二课堂的展示平台，为学生人文素质拓展提供依托，把校园文化长廊建设融入学校精神文明建设之中，以德育渗透为重点，突出教育特色，在思想理念、布局格调、育人功能和审美情趣方面达到和谐统一。在文化长廊的内容设计方面，倾向于展示使学生时时受感染、受启发、受激励、受教育的内容，使学生切身感受到文化之美、艺术之美、享受美的熏陶。学院希望通过校园文化长廊营造出来的这种生动、活泼、积极向上的校园文化氛围，使校园充满浓厚的文化气息，并从不同方面彰显学校文化的精神内涵，启迪学生的思想，陶冶学生的情操，升华学生的情感，提升学生的素养。

校园文化长廊，通俗地讲就是把学校的部分文化以走廊的形式体现出来。其主题应该根据学校楼层功能来定，主要包括天文地理、经史子集、科学人文、行为养成等，关键在于符合学校、学生和时代这三个实际。好的校园文化长廊是极具传播力和渗透力的校园"墙上媒体"和"第二课堂"，能让学生真正陶冶情操、开阔视野，能熏陶学生的品性，激发学生的志向，同时也能反映一所学校的办学特色、办学高度和办学内涵，还能直观反映一个学校的眼界和胸怀，是知识、教育、艺术的有机融合体。

为了在人文素质拓展方面发挥更大的作用，校园文化长廊的建设应包括以下三个方面：校园物质文化、校园精神文化和校园制度文化。校园物质文化是校园文化的有形载体，是校园内在精神的外化，是大学形象和精神风貌的物质依托，主要包括文化雕塑、校园绿化、卫生环境等物质形态。学校在进行物质文化建设时要有统一的规划，根据学校的精神内涵明确文化主题。还要创新思想，建设文化雕塑、文化墙等标志性的文化形象。校园精神文化是学校在历史发展过程中逐步形成的，代表着学校的精神品质，是被广大师生认同的文化，是校园文化的内核和灵魂。校园精神文化包括学校的优良传统、办学理念、人才定位、价值要求和校训、校徽、校歌等。校园精神文化的育人作用，主要通过发挥校训、校风的内聚作用，使大学生确立共同的价值取向；通过举办高品位的人文讲座，拓展大学生的人文知识，提高大学生的人文素质；通过开展高品位的系列科技文化艺术活动，形成文化品牌，引导大学生自觉参与；通过组织各种类型的人文知识、竞赛，激发大学生学习人文知识的积极性等。校园制度包括学校的各类规章制度、校纪校规、行为规范和公约守则等，是学校为了实现教育目标而建立的相关制度的总称。制度文化是高校校园文化的组成部分，是维持高校正常秩序和校园文化整体发展的保障系统，是引导学生遵纪守法、养成良好行为规范的制度保证。

第三节 规范校园文化活动

大学生人文素质拓展工作应根据社会的发展和目前高校的实际情况，与时俱进地展开，这就需要政府及有关各方不断更新观念，大力进行改革，努力探索适合 21 世纪需要的具有较高人文素质的复合型人才培养模式。其中颇有成效的一种方式是以校园活动为载体，不断地开展各种文化活动，将教育内容寓于各种文化活动中，使大学生在参与文化活动的过程中接受人文素质教育，拓展人文知识，净化心灵，提升境界，发展能力，提高人文素质。

一、校园文化活动的开展

规范校园文化活动是大学生人文素质拓展的第三大渠道。如何规范，则需要从学校层面和校园文化活动层面逐步展开。

（一）学校层面

首先，大学的校园文化活动实际上是最好的人文素质教育，它的多样性具有强化人文素质的导向作用。例如各种文化、体育、读书、竞赛、科技、沙龙等活动，这些活动充满着积极向上的人文精神，学校应以"贴近师生、全面受益、重点扶持、特色优先"为原则，建立融主体性、职业性和开放性为一体的学生文化活动体系，分门别类地完善文学艺术、体育运动、学习竞赛、大众传媒、志愿服务、思想教育、心理健康等覆盖各个领域的社团组织，扩大招收音乐、舞蹈、美术、体育、文学类特长生，充实学生社团，重点扶持有特色和优势的学生社团力创精品，丰富第二课堂，提升学生的人文素质、科技素质和职业能力。

其次，在新的历史时期、新的形势下，为了与时俱进，学校有关部门要加大力度从多方面支持大学生的校园文化活动，在保证大学生优秀社团文化活动延续的情况下，对于优秀的活动项目，校方要给予积极的肯定与配合，必要时可以提供一定的资金和其他方面的支持，避免使立意非常好的社团活动因为学生力量的薄弱而搁置，使富有人文素质教育积极意义的学生社团活动扩大规模和影响面；对于符合人文素质教育导向的好的校园文化，校方应当鼓励并协助其加强宣传力度，加大活动的参与面和辐射面，不能停留在活动的现象层面；对于社团活动的意义和价值，在宣传工作上要动脑筋、下功夫，要进行人文素质教育意义方面的深度挖掘和总结，使好的活动取得更大的人文素质教育感召力和影响力。

再次，校方不仅要支持学生自发自主的活动，也要以校方为主体创办好活动，一般情况下，校方主办的活动的教育目标更明确、资源更多、影响力更大，甚至可以通过整合利用学生社团的人力资源，举办立意更深刻、教育目的更直接的大型校园文化活动，如文化节、校际交流、大型演出、杰出人物和优秀事迹演讲报告会、大型社会考察实践活动、大型公益活动等。这些活动的举办不仅有利于对学生进行生动的人文素质教育，还有利于丰富和提升校园文化生活的内容和品位，更可以提高大学的声望，扩大大学文化对于社会精神文明的积极影响。高校应当加强大学生实践活动的力度和深度，使大学生对实践活动的深层意义有比较全面深刻地认识，以提高广大学生参与活动的积极性。

最后，实践活动的有关组织者、领导人要提高自身的教育水平和活动组织能力，注重在活动中对参与成员的积极引导和生动教育，要率先垂范、以身作则，社会实践活动结束后，要注重积极发掘和总结本次实践活动在人文素质教育方面的深远意义，对活动教育成果进行深入宣传和充分交流，鼓励并组织以发表文章、交流讨论和报告会等形式让参与成员与未参与活动的学生分享自己的亲身体验和切身感悟，让下乡支教、科技服务、法律服务、志愿者活动等非常有意义和感染力的实践活动以其不可替代的生动、深刻、真实、感人的特点，获得更大的受众辐射面和人文素质教育成效。

（二）校园文化活动层面

首先，对传统的活动载体进行改进、创新，不断开发新的活动载体，进一步增强活动的人文性、趣味性，重视大学生的网络人文素质教育。积极运用现代网络技术，构建人文素质教育网络平台，建设网络人文素质教育资源库；开辟具有特色的人文知识栏目，开展历史文化图片展览、大学生人文论坛等网络化人文素质教育实践活动。其次，积极开展社团文化建设，发挥社团组织在学生自主学习、个性发展、人文素质提高方面的积极作用。加强对社团活动的指导，将人文素质教育内容渗透到社团活动中去，加大人文性、思想性文化活动的分量，提高社团的文化品位。再次，引导学生走出校园、走向社会，使其在实践中开阔眼界，拓展知识，提高人文素质。最后，大力开展以学生艺术节为主的校园文化活动，举办传统文化经典诵读比赛等活动，不断丰富学生业余生活，拓宽大学生人文素质教育渠道，用校园文化的潜移默化作用培养大学生的人文精神。

二、规范校园文化活动的五个步骤

第一，规范校园文化活动，需要从宏观的角度搭建广阔的社会平台。

服务社会是现代大学的一项重要职能，现代大学与社会联系广泛，大学应结合自身的优势学科、特色专业，在广度和深度上服务社会，社会广阔的资源也能够很好地回馈大学，使其顺利开展人文素质教育。比如，大学利用社会资源建立了若干人文素质教育基地、爱国主义教育基地、就业创业实习基地、社会实践基地等社会平台，这既是大学服务社会的窗口，也是大学生主动接触社会、自觉服务社会、发展锻炼自我的平台。大学加强与这"四大类基地"的联系，可以帮助大学生深入社会、了解社会、学习社会，使其通过社会调查、社会实践，丰富社会知识、增长实践才干、提升人文素养。

第二，规范校园文化活动，需要从微观的角度搭建丰富的班级和社团平台。

班级和社团是大学最小的组织单元，但也是学生接触最多、对学生影响最大的活动平台。大学的班级、党团支部、社团组织是开展大学生人文素质教育最直接、最便捷、最有效的舞台。实践证明，一个班风优良的班级、一个志趣健康的社团能够促进组织内的学生很好地成长。大学应该重视班级和学生社团的建设，他们应该成为学校开展人文素质教育的主阵地。为此，大学要加强班主任和社团指导教师队伍建设，指导班级和社团有计划、有目标地开展特色主题素质拓展活动，通过学校层面组织评选诸如"最佳主题班日""最佳社团"等活动，调动学生参与人文素质拓展的积极性、创造性，活跃校园文化氛围，促进学生相互交流、相互影响、共同成长。

第三，规范校园文化活动，要按照校园文化的本质要求开展文化活动。

校园文化建设的功能不仅为高校提供一种新的教育内容和教育教学活动方式，更重要的是它为实现高校育人目标提供了新的视角。校园文化的核心和实质是超功利主义的，它以文化为载体，着眼于精神建设，直接服务于大学生的全面发展。高校要对校园文化的内涵和功能有一个科学的认识，真正按照校园文化的内在要求去搞好校园文化活动，而不能简单地满足于一般的管理和服务；要调动大学生的积极性、主动性、创造性，引导大学生开展各种积极健康的文化活动，使其在潜移默化中受到熏陶，得到教育；要充分发挥大学生社团的积极作用，着力扶持理论学习型社团，热情鼓励学术科技型社团，正确引导兴趣爱好型社团，积极倡导社会公益型社团；要积极开展名校名家讲座、学术报告、高层论坛、学术沙龙等学术活动，营造浓厚的学术文化氛围，使师生感受名师的思想、人格魅力及渊博的知识，提升自身素质。

第四，规范校园文化活动，要推动网络文化建设，创新校园文化建设。

随着互联网的发展和高校信息化进程的加快，大学生已经成为网络用户的重要组成部分。网络以其开放性、虚拟性、双向性，以及超大容量的信息流对广大师生的思想道德观念和行为方式产生了较大影响。可以说，网络文化建设已成为高校校园文化建设不可忽视的重要阵地。根据大学生接收信息途径发生的新变化，我们要善于运用互联网等新兴媒体，构建积极健康的网络文化环境，实现潜移默化的思想政治教育。学校要建设好融思想性、知识性、趣味性、服务性于一体的校园网站，丰富校园网形式，有针对性地开办一些理论网站和健康论坛，传播优秀的校园文化内容，围绕一些重大问题进行积极引导，牢牢把握主动权，使网络成为教师与学生之间沟通的桥梁，成为校园文化建设的新阵地。此外，要引导学生遵守网络道德，树立网络法治意识，引导其自觉抵制网络垃圾的侵蚀，自觉维护网络秩序。

第五，规范校园文化活动，要搭建数字式校园文化活动平台，构建上下联动机制。

校园文化活动是校园文化中最活跃的动态因素。"微媒体"时代，建设数字式校园文化活动平台，及时、快捷、生动地传播校园文化，发布校园文化活动信息，这有助于调动师生参与活动的积极性和主动性，形成主办方与受众对象上下联动的格局。在数字式平台上，学生有了很强的主动权，不再仅仅是被动的信息接收者。学生可以使用微博参与信息发布，选择自己感兴趣的话题参与讨论，对自己感兴趣的活动加以关注。在校园文化活动日益丰富的今天，数字式的校园文化活动平台为学生提供了更为开放、自由的平台，学生通过@某人、转发、评论等功能推送信息，组织讨论，助力校园文化活动的推广。数字式校园文化活动平台拥有立体化、多层次的沟通网络，增强了校园文化活动的影响力。一方面，媒体的开放性增进了高校与外部社会之间的广泛交流，高校可以利用这一阵地，主动开辟、设置多种交互性强的栏目，通过在线交流、读者留言、微论坛等形式，拓展校园文化活动空间；另一方面，数字式平台的介入，还可实现校园文化活动线上与线下的配合、补充，在校内广泛营造校园文化活动的开展氛围。

第四节　设计人文素质拓展的目标

高校学生的人文素质是学生在人文方面所应具有的综合品质及所达到的发展程度，从"全人"教育理念及教育的社会属性出发，我国高校学生人文素质教育的目标主要是适应学生个人发展与社会发展的双重需要。基于此，高校学生人文素质教育的目标是：通过人文知识、人文精神、人文行为教育，使学生学会自我管理、自我教育、自我服务、自我发展的观念，成为一个具有高校学生的年龄、身份、教育背景相匹配的人，具有与高技能人才将来从事职业活动所需具备的知识、技能与职业态度素养，成为一个爱生活、有理想、有追求、追求真理、勇于自我实现的人，达到成人、成才、成功目标，为最终成长为真正意义的德、智、体、美、劳全面发展的人奠定基础。

制定人文素质拓展目标是大学生人文素质拓展的第四大渠道。大学生人文素质拓展是一个循序渐进的过程，主要是以第二课堂开展的活动为主要抓手，紧密联系第一课堂，突出强调创新素质为基础的培养理念，围绕创新素质和能力培养，注重学生素质深度和广度拓展相结合、注重素质结构的完善、注重学生超越潜能的发挥，培养能肩负时代使命和社会责任，传承中华传统文化优良品质，具有国际化视野和社会适应能力的复合型人才，逐步拓展培养模式；充分挖掘大学一、二课堂对接的实践教学课程的教育功能，在思想教育、职业指导、心理健康教育、专业教育等方面融入人文素质教育内容，逐步建设以案例教学、实践教学、模块化建设为特色的素质拓展教学模式；努力开发素质拓展实施路径，建设以传统文化传承和现代文化建设为重点和核心的素质拓展训练模式。因此，以目标为导向设计人文素质拓展的项目，对于实现大学生的全面发展和成长成才具有重要作用。

首先，设计大学生人文素质拓展的目标需要完善大学生人文素质拓展体系的构建，让学生主体经历不断学习、养成、体验、创新的四维一体过程。

①开展大学生素质拓展教育，拓宽其知识面，使其全面发展。它是体系构建的基础和起点，是大学生主体完善知识结构、保证自身整体全面和谐发展的过程。大学生素质拓展教育首先是教会学生学习、完善知识结构的知识教育、学习教育。这种学习教育不是狭隘的专业知识学习，而是促进学生不断拓宽知识层面、全面提高综合素质的博雅教育、通识教育。校园文化活动的开展，如通过读书节、人文科技讲座、创业教育、心理健康教育、职业生涯规划教育等多样化的活动，拓宽了学生的知识面，弥补了课堂教学中的不足。

②规范养成教育融通道德，坚定信念。它是在承接学习阶段的基础上，通过各种手段，在日常学习、工作和生活中提高大学生各方面素质，促进其养成良好的道德品质和行为习惯的过程。作为大学生必须接受的基本教育，养成教育是在学习教育的基础上致力于全面提高大学生知、情、信、行等素质内化的教育，是提高大学生的身体素质、智能素质、道德素质、心理素质等最基本的素质教育，旨在培养大学生形成自觉遵守社会主义道德行为和习惯，以更好地融入社会的教育。大学生作为社会存在的个体要掌握行为规范、养成良好习惯必须通过社会交

往、社会实践活动等实现。大学生主动参与丰富多彩的校园文化活动，不断发现问题、解决问题，提高自己分辨善恶是非、自觉砥砺品行、不断完善自我的能力，从而坚定理想信念，树立正确的世界观、人生观、价值观。

③丰富体验教育，践行内化，知行统一。它是大学生通过充分参与和体验各种社会实践，提升综合能力、促进个性发展，是大学生将学习的知识、养成的道德品质等转化成社会实践、实现创新的中间环节。在学习教育、养成教育的基础上，大学生素质拓展教育需要引导学生走向体验教育。它是学生在教师的启发和指导下，通过参与特定的情境训练和实践活动，进行情绪管理、发展自立能力、发现和解决问题，从而践行内化养成教育，保持知行统一。大学生通过亲身参与实践活动、主动体验具体情境，改造主观世界，提升自身的思想境界和人格品位。校园文化活动营造了各种训练情境、举办相关的主题活动，有助于丰富大学生体验教育，拓展大学生的综合素质。作为大学校园常见的校园文化活动，各种各样的主题教育实践活动可以帮助学生进行自我教育和自我改造。

④立足创新教育，建功立业，推陈出新。大学生素质拓展教育的目标是要塑造和培养大学生创新思维和创新能力。大学生的全面发展不仅包括学生德、智、体、美、劳等人格的养成和技能的培养，更重要的是对大学生创新创造实践能力的塑造。大学生素质拓展教育的立足点和目标是把大学生培养成为创新型人才。高校校园文化活动，特别是各种社会实践活动、创新创业设计大赛、挑战杯大赛、全国大学生机器人大赛、全国电子科技大赛等能有效调动学生创新创业兴趣，激发学生创造性思维，对培养既懂理论又会技术兼能创新的综合型创新人才有着重要意义。

其次，设计大学生人文素质拓展的目标需要完善大学生人文素质拓展项目的实施目标。

①以培养合格接班人为目标设计人文素质拓展项目，即把人文素质教育与思想政治教育有机融合。我国大学的核心任务就是为社会主义国家培养合格的建设者和接班人，因此，我们的人文素质教育要融合到思想政治教育之中，围绕社会主义核心价值体系，结合学校的专业特色、行业特色，开展爱国、爱党、爱校教育，抓住国庆、建党日、大学精神等重大主题开展教育活动。旨在培养学生的责

任感和未来的使命感，培养他们对国家、民族的自豪感，使其具备能够承担更大责任的能力。

②以提升大学生适应未来社会的竞争力为目标设计人文素质拓展项目，即实施职业训练计划。大学生择业和就业的可持续发展能力及素质是当代大学生必须具备的能力和素质。大学通过开展全程化、多路径职业发展训练、辅导，拓展学生就业和职业发展的可持续能力，这是个体终身受益的能力和素质，影响其一生的发展。对高校来说，开展职业指导不仅仅是面向学生开设一门或若干门就业指导的课程，而是对学生进行职业教育和职业生涯规划的系统工程，它应该成为高校人才培养的重要组成部分。当下，大学开设的就业或职业指导课程，内容相对单一，一般仅局限于择业的技巧和方法的指导上，很少从人的素质提升层面考虑。比如可以考虑加强就业指导的模块化建设，增设创业教育、职业与历史、职业与文化等模块，通过开展职业训练活动（如模拟面试、职业规划竞赛、就业实习等）提升学生择业技巧能力，也要引导学生了解职业的文化内涵和择业的伦理操守，这将有利于他们从学生到职业人身份的顺利转变。

③以提升学生创新能力为目标设计人文素质拓展项目，即实施创新创业训练计划。创新是一个个体、一个民族乃至国家发展的灵魂。创新和创业相联系，一方面创新能够促进创业；另一方面创业能够为创新提供物质基础。在大学阶段，培养学生的创新创业能力，要将这种能力融合到学生的基本素质之中，使其成为大学生自身知识体系中的一个不可或缺的部分。大学可通过开展创新创业实践、营造创新创业氛围、培育创新创业精神，发现和培养一批未来产业的经营者。

④以培养未来事业的接班人为目标设计人文素质拓展项目，即实施领导力提升计划。大的核心任务就是"育人"，既要育建设国家的各类专业人才，也要育促使这个国家走向繁荣富强的领导人才。我国大学是社会主义国家的大学，大学培养的人才能不能在意识形态上接受马克思主义，这关系到"举什么旗，走什么路"的重大问题。因此，要把马克思主义中国化深入到中国文化的各个领域，把中国特色社会主义理论体系根植于大学思想政治教育和人文素质教育之中，使之成为国民素质教育的重要组成部分，引导更多的青年才俊信仰马克思主义。实施领导力提升计划，主要是在高校中深入推进"青年马克思主义工程"、学生干部

领导力提升活动，加强各级学生组织、学生社团的建设等，训练和提升学生的领导力，培养学生中的管理精英，促进学生全面发展。

第五节　建立科学的考评机制

人文素质拓展教育最核心的部分应当是引导与评价。引导是指学校通过制度设计，激发大学生自觉选修人文课程，主动参与社会实践和课外自修，积极投身校园文化活动，把外部的被动压力变为自身主动的选择，努力提高自身的人文素质和思想品格。评价是学校通过素质档案建设，记录学生素质发展的历程，认证学生的人文素质成果，并给予相应的褒奖和荣誉。因为只有积极的引导和客观的评价，再加上社会的认同，大学生在追求人文素质养成的过程中才有动力。

建立科学的考评机制是大学生人文素质拓展的第五大渠道。构建科学的人文素质拓展教育考核评价体系，是高校学生人文素质拓展教育的关键所在。

完善的人文素质拓展教育考核评价体系有利于构建人文素质培养模式，有利于学生知识、素质、能力的全面协调发展，对进一步更新教育思想、转变教育观念、拓宽教育渠道、深化教学内容和教学改革、提高教育质量和教育效果具有巨大的推动作用。

第一，建立科学的考评机制，需要确立人文素质教育考核评价标准和方法。

制定科学的、可操作的人文素质拓展教育考核评价标准，针对每一项评价内容制定评价标准，并且这一标准应结合有关教育文件、学校实际和同类院校的标杆做法来确定。它应该是具体的、可操作的，并且是有层次的，如达标标准、优秀标准、示范标准。确立科学的人文素质拓展教育评价方法，主要是"定量评价"与"定性评价"相结合，并非所有的项目都能量化测评，因此应当将两种评价方法有机结合，在定量分析中合理运用定性方法，使量化指标的含义更清晰。具体方法包括查阅相关档案材料，召开相关领导、教师、学生座谈会，进行实地考察、个别访谈，设计调查问卷并对调查结果进行科学统计与分析等。

第二，建立科学的考评机制，需要构建完善的人文素质拓展教育考核评价内容。

高校人文素质拓展教育评价内容应包括三个方面：高校人文素质拓展教育的运行机制的评价；高校人文素质拓展教育的课程体系的评价；高校人文素质拓展教育的校园文化环境的评价。对高校人文素质拓展教育运行机制的评价主要是评价人文素质拓展教育的组织和落实情况，评价内容包括是否有组织领导、是否有工作机制、是否有经费保障、是否有考核等；对高校人文素质拓展教育的课程体系评价，评价内容主要包括课程内容是否涵盖人文素质拓展课程，以及人文素质拓展课程的开设学时、方法、学生人数，人文素质拓展课程在全部课程中所处的位置等；对高校人文素质拓展教育的校园文化环境的评价，该评价体系所评价的内容主要包括完善健全的学校规章制度、先进的办学理念、健康的校风、校训、良好的周边环境，净化、绿化、美化的校内环境等。这是因为校园文化环境由学校硬件设施环境所包含的文化形态和校园软件设施所蕴含的文化氛围共同组成。

第三，建立科学的考评机制，需要提供多维度的考评标准。

素质看不见、摸不着，当学生参与了一系列的人文素质拓展项目后，成效如何，人文素养提高了多少，难以有一个确切的考核评价。怎么对大学生的人文素质拓展进行科学有效地考评，这既是一个难点，也是一个导向。因此，应建立多维度的考评标准。人文素质拓展具有一定的特殊性，有些高等院校将人文素质分为"德育""智育""技能""创新能力""组织活动能力""人际交往与心理健康"六个方面，在进行考核时，分别赋予其不同分值并进行量化测评。人文素质拓展考评的形式要多样化、多维度，可以采用小论文，也可以采用调研报告，还可以采用学生的获奖作品等各种方式。在学生毕业时，部分高校按照学生的测评总成绩发放高校学生人文素质养成证书。

第四，建立科学的考评机制，需要考评学生日常表现。

学生的日常行为表现往往能准确体现学生的人文素质修养，特别是一些细小的事情，从而成为衡量学生人文素养高低的重要标志。因此人文素质拓展教育考评要特别注重学生的日常表现，不但注重课堂表现、作业表现，还要注重学生互评，其表现结果将成为对学生综合测评的重要依据，并要将考评结果及时反馈给学生，征求学生的意见，从而达到沟通思想的效果，使学生能够"自我认识""自我反省"。

第五，建立科学的考评机制，需要打造学分认证平台。

学分是教学环节计量的单位和手段，学生是素质拓展工作的主体，应将大学生素质拓展作为活动课程纳入学校的人才培养方案，以学分制形式推进素质拓展活动的实施。建立一个科学、准确、客观的考核评价体系，充分调动学生参与活动的积极性，使学生认识到素质拓展的重要性，提升其自我提升的主动意识。

学生参与人文素质拓展活动得到相关机构认证之后可以给予相应学分，通过素质拓展学分认证网络平台，记录学生参与融入素质拓展的第二课堂活动的时间、次数、形式、内容和学分。在素质拓展考核认证过程中，要依据素质拓展活动不同的级别、内容和效果设置不同的学分。学分认证网络平台要基于高校的办公自动化平台建设实现网络管理化，通过整合，与高校网络办公系统、高校通讯宣传平台对接，有利于学生学分管理科学化和活动开展便捷化，遵循主办者负责认证的原则，如团委主办的素质拓展活动由团委负责。素质拓展学分认证网络平台可以包括系统管理模块、素质拓展模块、网站管理模块、系统维护模块，实施学分预警机制，这样学生就可以时刻掌握自己的学分情况，把握学校开设素质拓展活动的内容、形式和时间，学生通过活动积累一定的学分，最终获得高校颁发的素质拓展证书。学分认证网络平台有利于素质拓展学分认证过程规范化和精细化，可以有效地进行素质拓展活动信息化统计，监控学生参与素质拓展训练活动的现状，了解学生对具体拓展项目活动的偏爱程度；同时可以激发学生参与素质拓展的热情，激励学生积极参与社会实践活动、文艺活动、体育活动、社团活动等第二课堂活动，通过参与提升其人文素养。

①打造学分认证平台，实现管理信息化。为减少师生在素质拓展管理上的时间和精力，更好地实施大学生素质拓展计划，规范开展素质拓展活动，确保活动项目的发布、报名、组织、认证等管理工作高效有序，需加强信息化建设，研发并推出一套大学生素质拓展网络管理系统，保证良好的交互性、时代性和开放性，增加工作透明度，提高素质拓展活动的质量和效率。

②打造学分认证平台，编订《大学生素质拓展指导手册》（以下简称《指导手册》）和《大学生素质拓展认证手册》（以下简称《认证手册》）。《指导手册》让大学生素质拓展计划有"教学大纲"和"教材"，引导学生积极投身素质拓展计划，有助于学生分阶段、分类别、分层次地选择有利于拓展自身素质的项目，确保质量和效果；《认证手册》采用以过程记录为主的方式，用于记录学生在素

质培养和发展过程中的重要经历和取得的主要成就，为社会认同大学生素质拓展训练过程提供凭证和参考。

③打造学分认证平台，需要协调多方力量。大学生素质拓展计划的实施是一项庞大的工程，需要一个强有力的组织体系保证，仅仅依靠团组织的力量远远不够。学院学生素质拓展组织机构应由院、系、班三级组成，分别负责素质拓展工作的指导、规划、实施和学分认证。完善三级联动组织体系，形成强大合力，对素质拓展工作进行统筹协调，确保素质拓展组织管理工作的规范化。开展实施过程中的一些特殊情况，实现大学生素质拓展结构的科学化。

④打造学分认证平台，实行分级打分。按照分层规划、分级设计的原则，每年统一规定全员素质拓展活动，根据学院办学实际、人才培养要求、学生成长发展规律，按照团中央、教育部等的规定，把素质拓展项目划分为六大模块：思想政治与道德素养模块、社会实践与志愿服务模块、学术科技与创新创业模块、文化艺术与身心发展模块、社团活动与社会工作模块和技能培养模块。将素质拓展活动分为国家级、省级、市级、院级、系级五个级别。同类别下一级活动的分值原则上不能高于上一级，同一个活动不重复计分，逐级选拔的活动只计最高分。将素质拓展学分纳入人才培养方案，与学生学历、学位相挂钩，实现素质拓展活动项目化管理、课程化考核目标。

参考文献

[1] 陈强. 新时代高职院校人文素质教育研究 [M]. 昆明：云南大学出版社，2020.

[2] 付丽伟，王中俊. 人文教育背景下的大学生素质培养新探 [M]. 长春：吉林大学出版社，2020.

[3] 谷晓红. 医学生人文素质教育初探 [M]. 北京：中国中医药出版社，2015.

[4] 解梅，陈红. 理工类高校人文素质教育研究 [M]. 兰州：甘肃文化出版社，2013.

[5] 马利强. 立德树人视域下高校人文素质教育研究 [M]. 北京工业大学出版社有限责任公司，2019.

[6] 马明华，涂争鸣. 高校人文素质教育论 [M]. 广州：华南理工大学出版社，2010.

[7] 孟繁英. 医学生人文素质教育与评价 [M]. 长春：吉林人民出版社，2018.

[8] 任宏娥，李春艳，张朋. 职业教育人文素质训练教程 [M]. 天津市：天津科学技术出版社，2017.

[9] 邵瑜. 高等中医院校大学生人文素质教育研究 [M]. 银川：宁夏人民教育出版社，2014.

[10] 隋晓荻. 人文素质教育视域下的大学英语教学研究 [M]. 世界图书广东出版公司，2013.

[11] 王森勋. 高职学生人文素质教育 [M]. 济南：泰山出版社，2008.